Empowerment et finance

La démocratie au service
de l'investissement socialement responsable

Collection « L'esprit économique »

fondée par Sophie Boutillier et Dimitri Uzunidis en 1996
dirigée par Sophie Boutillier, Blandine Laperche, Dimitri Uzunidis

Si l'apparence des choses se confondait avec leur réalité, toute réflexion, toute Science, toute recherche serait superflue. La collection « L'esprit économique » soulève le débat, textes et images à l'appui, sur la face cachée économique des faits sociaux : rapports de pouvoir, de production et d'échange, innovations organisationnelles, technologiques et financières, espaces globaux et microéconomiques de valorisation et de profit, pensées critiques et novatrices sur le monde en mouvement...

Ces ouvrages s'adressent aux étudiants, aux enseignants, aux chercheurs en sciences économiques, politiques, sociales, juridiques et de gestion, ainsi qu'aux experts d'entreprise et d'administration des institutions.

La collection est divisée en six séries :

Dans la série *Economie et Innovation* sont publiés des ouvrages d'économie industrielle, financière et du travail et de sociologie économique qui mettent l'accent sur les transformations économiques et sociales suite à l'introduction de nouvelles techniques et méthodes de production. L'innovation se confond avec la nouveauté marchande et touche le cœur même des rapports sociaux et de leurs représentations institutionnelles.

La série *Economie formelle* a pour objectif de promouvoir l'analyse des faits économiques contemporains en s'appuyant sur les approches critiques de l'économie telle qu'elle est enseignée et normalisée mondialement. Elle comprend des livres qui s'interrogent sur les choix des acteurs économiques dans une perspective macroéconomique, historique et prospective.

Dans la série *Le Monde en Question* sont publiés des ouvrages d'économie politique traitant des problèmes internationaux. Les économies nationales, le développement, les espaces élargis, ainsi que l'étude des ressorts fondamentaux de l'économie mondiale sont les sujets de prédilection dans le choix des publications.

La série *Krisis* a été créée pour faciliter la lecture historique des problèmes économiques et sociaux d'aujourd'hui liés aux métamorphoses de l'organisation industrielle et du travail. Elle comprend la réédition d'ouvrages anciens, de compilations de textes autour des mêmes questions et des ouvrages d'histoire de la pensée et des faits économiques.

La série *Clichés* a été créée pour fixer les impressions du monde économique. Les ouvrages contiennent photos et texte pour faire ressortir les caractéristiques d'une situation donnée. Le premier thème directeur est : mémoire et actualité du travail et de l'industrie ; le second : histoire et impacts économiques et sociaux des innovations.

La série *Cours Principaux* comprend des ouvrages simples, fondamentaux et/ou spécialisés qui s'adressent aux étudiants en licence et en master en économie, sociologie, droit, et gestion. Son principe de base est l'application du vieil adage chinois : « le plus long voyage commence par le premier pas ».

François Faure

Empowerment et finance

La démocratie au service de l'investissement socialement responsable

Préface de Christophe Revelli

L'Harmattan

5-7, rue de l'École-Polytechnique, 75005 Paris

http://www.editions-harmattan.fr

ISBN : 978-2-343-21683-6
EAN : 9782343216836

Avec mes remerciements à Christophe Revelli, professeur de finances responsable à Kedge Business School pour ses conseils précieux et à René Moretti, ex-directeur du développement durable de Lafarge Plâtres et président de ReseauCEP pour sa relecture.

En fidélité à l'esprit d'Emmanuel Mounier (1905-1950)

Tel ingénieur obscur décide brusquement, à l'ahurissement de ses proches, qu'il fabriquera désormais un oiseau mécanique, tel coureur cycliste, à l'heure du vermouth, parie de piloter une si curieuse machine, et il ne faut pas plus de trente ans pour que les épargnants reçoivent sur la tête, tombant du ciel, des bombes de mille kilos.

Georges Bernanos, *Les grands cimetières sous la lune*.

PREFACE

Après plusieurs décennies de développement, de quête de légitimité, d'implémentation dans les processus de gestion financière, l'investissement responsable (ou investissement socialement responsable - ISR - initialement) est clairement aujourd'hui sorti d'un marché de niche pour tendre vers une gestion *mainstream*, globale et visible. D'un style de gestion pour investisseur pionnier et militant, il est maintenant devenu une méthodologie intégrée pour la plupart des gestionnaires d'actifs et fonds d'investissement en quête de responsabilité et favorable à une économie et une société plus durable. Face à un tel développement, annoncé par les chiffres communiqués tous les ans par les forums et autres alliances pour une finance plus responsable (10 % des encours gérés en France le seraient de manière responsable selon la dernière enquête 2019 de l'Association Française de Gestion; 50 % en Europe selon la dernière enquête du *Global Sustainable Investment Alliance* en 2018), il est facile de conclure que l'investissement responsable s'est démocratisé et remporte un franc succès commercial dans les économies mondiales.

Mais quel est le but véritable de l'investissement responsable ? Quelle est son intention ? Si nous regardons l'état de notre monde actuel (crise sanitaire, crise économique et sociale), et compte tenu des chiffres annoncés, nous sommes en droit de penser que la corrélation entre la mission de l'investissement responsable et ses résultats ne sont pas à la hauteur des attentes. L'investissement responsable se donne pour mission de favoriser le développement d'une économie durable, résiliente, au service des objectifs de développement durable (ODD) définis par l'ONU dans le cadre de l'agenda 2030. Son objectif est de « mixer » performance économique, sociale et environnementale, mais également d'influencer le comportement des acteurs via leur gouvernance. Mais le constat est que le *sustainable finance gap* est encore bien trop important pour que les objectifs de transition écologiques et sociales soient réalisés. La Commission Européenne estime qu'une augmentation annuelle de 260 milliards d'euros en investissement serait requise à l'échelle européenne pour atteindre la cible climat à l'horizon 2030. Selon la Banque Centrale Européenne (BCE), le coût estimé de l'adaptation climatique (qui reste sous-évalué) dépasse largement les encours de monnaie fiduciaire, les dépôts à terme inférieurs à deux ans ainsi que les titres de dette inférieurs à deux ans.

La principale raison de cet échec à financer les objectifs de durabilité réside certainement dans le système financier lui-même. Dans un système économique et sociétal prônant une vision capitalistique, les enjeux de performance financière restent l'*alpha* et l'*omega* de tout investissement, qu'ils soient responsables ou non. La réorientation des flux financiers, dans le cadre des règles et des instruments existants, si elle s'avère nécessaire à court terme, ne peut garantir à elle seule le financement des ODD. La théorie financière néo-classique, dans laquelle s'encastre l'investissement responsable, ne permet pas d'identifier un enjeu de « soutenabilité forte » privilégiant la protection de la biosphère au détriment des enjeux financiers. En cela, il s'agit d'analyser et comprendre comment la finance responsable, durable, ESG, verte ou sociale, enfermée dans une jungle lexicale, doit s'encastrer dans un système économique et financier résilient.

Cette image du réencastrement, chère à Karl Polanyi, rejoint la vision proposée par Herbert Simon et récemment reprise par Robert Ulanowicz ou encore Dominique Dron, où la cybernétique peut mettre en lumière le lien entre encastrement et résilience. Selon Simon, tout système peut être représenté comme un ensemble de sous-systèmes emboîtés. Il s'agit donc d'observer la nature pour comprendre les mécanismes de résilience et d'autorégulation des écosystèmes naturels, qui font partie des systèmes complexes au même titre que les systèmes économiques et financiers. Cette observation attentive devrait permettre de mettre à jour les principes qui assurent leur longévité et de s'en inspirer, notamment le principe de hiérarchie dans laquelle le sur-système est la condition d'existence du système inférieur, avec un risque de voir l'écosystème mourir lorsque cette relation hiérarchique et d'encastrement ne se fait plus. Les écosystèmes naturels, résilients par nature, sont donc régulés (principe du prédateur-proie, conservation de limites viables), compartimentés (isolation des risques, tamponnage de propagation), diversifiés (pas d'interdépendance du besoin en ressources, baisse du risque d'épidémie) et font preuve de recyclage (par exemple, les sols nourrissent les plantes, qui meurent et nourrissent de nouveau les sols, dans un cercle vertueux). La comparaison avec nos systèmes complexes que sont les systèmes économiques et financiers permet d'identifier que la finance est aujourd'hui totalement dépourvue de résilience, puisque non régulée (paradis fiscaux, marchés non réglementés, limites de crédit déplafonnées, effet de levier…), non diversifiée (concentration bancaire, standardisation des process, des comportements dits rationnels, mêmes objectifs de rentabilité…), non recyclée (les flux se détournent des systèmes d'investissement de l'économie réelle, alors que celle-ci alimente le secteur financier, dans une cercle non vertueux) et décompartimentée (trading haute fréquence, bourses mondiales, finance numérique, monnaie rendant substituable tout ce qui est échangé en prix…). Le lien avec la finance responsable, durable et verte peut se faire aisément, dès lors que l'on identifie que les outils de financement des ODD restent des outils de marché, dont le prix fixé ne reflète pas toujours la valeur du sous-jacent écologique ou social, mais plutôt un produit financier dont on attend une rémunération. Finalement, le *sustainable finance gap* ne serait qu'un problème d'allocations d'actifs et d'épargne où l'enjeu serait d'inciter les marchés à diriger leurs dépôts et placements bancaires vers des activités vertueuses identifiées au sein d'instruments financiers dédiés. La mise en place de multiples labels dédiés (label ISR et GreenFin en France, sept labels au niveau européen) ne fait que participer à cet esprit de compétition et de concurrence, ne permet pas de gagner en visibilité mais plutôt de renforcer une vision très floue, pour l'investisseur individuel particulièrement. Il faut espérer que les projets de régulation européenne portés par la taxonomie sur les produits verts et par l'écolabel européen permettent d'harmoniser les pratiques et donnent un vrai cap à l'investissement responsable.

Mais cela ne sera possible que si les enjeux de l'Anthropocène sont identifiés et traités, remettant donc la finance dans son lit et permettant à l'investissement responsable d'être le bras armé de cette transformation au service de la biosphère. Ce principe d'encastrement dépend du projet écosystémique sociétal que nous voulons porter. Souhaitons-nous une société individualiste dépassée, centrée sur le « moi minimal », comme le souligne Christopher Lasch, favorisant le conformisme et l'immobilisme et le développement de démocraties illibérales, ou une société du bien commun et du vivre-ensemble solidaire ? Nous sommes à l'heure de la nécessaire organisation de la complémentarité des contraires dans tous les domaines. Il faut à présent nous ajuster au réel et non plus continuer à croire que nous allons pouvoir le soumettre. Il nous faut donc réencastrer la finance dans l'économie et l'économie dans le *bios*.

C'est à cet endroit que le travail de François Faure prend toute sa place en rappelant le cadre philosophico économique de l'ordolibéralisme, pensée qui donne au droit la possibilité de réencastrer la finance dans le corps social. Il nous montre que l'outil juridique est à portée de main avec l'évolution de l'objet social élargi des entreprises inscrit dans la loi PACTE et qu'il faudrait désormais étendre aux OPCVM (organisme de placement collectif de valeurs mobilières). Cette réflexion devrait interpeller le législateur pour susciter une évolution juridique de l'article L.214-9 du Code monétaire et financier.

De façon innovante, il interroge la technique de la gestion d'actif ISR qui gagnerait en cohérence en mettant en œuvre l'intelligence collective pour aligner ses investissements long terme sur des choix sociétaux exprimés par une procédure démocratique *Un homme, une voix*. Cette proposition dessine ainsi le chemin de la possibilité d'une auto-détermination collective appliquée aux actifs financiers de long terme, c'est-à-dire à l'épargne favorite des Français qu'est l'assurance-vie. C'est l'ensemble de cette démarche qui forme un mouvement d'*empowerment* appliqué à la finance.

Pour beaucoup d'entre nous, cette évolution de manière de penser est le fruit de convictions personnelles, de références éthiques ou spirituelles. D'ailleurs, cet ouvrage veut faire écho à l'interpellation posée par l'encyclique *oeconomica et pecuniare quaestiones*. Mais le libéralisme philosophique impose de mettre en retrait ses convictions pour laisser place à d'autres conceptions du monde. C'est le fondement d'une société démocratique dans laquelle chacun trouve sa place. Donc, d'autres verront dans l'investissement responsable une opportunité de marché. En l'absence de *greenwashing*, qui oserait s'en plaindre si le réencastrement de la finance dans la société est au rendez-vous ?

Cependant, l'immense majorité des analyses et propositions de changement de la finance ont du mal à prendre forme dans une pratique de pur business. C'est ici que l'expérience de la création d'un OPCVM géré sur le principe *Un homme, une voix* constitue une vraie avancée pour les propositions de développement de l'assurance-vie ISR dans le grand public. L'implication des épargnants par le vote n'est pas réduite à un choix marketing, mais rejoint la demande des citoyens de participation aux décisions structurantes de vie en société. Il s'agit simplement de décider selon une procédure démocratique appliquée à la gestion d'actifs de la protection collective de notre avenir et celui des générations futures. L'on peut imaginer que cette proposition de protection de l'avenir n'échappera pas à une grande association d'épargnants soucieuse de protéger ses adhérents ou à une mutuelle engagée auprès des épargnants citoyens. Cette vision démocratique et structurée représente un premier jalon d'un investissement responsable encastré dans un objectif de soutenabilité forte, où le principe de *philia* (c'est-à-dire d'impact collectif) prévaut sur l'*ethos*. Avec ce point d'ancrage permettant de privilégier plus facilement l'impact environnemental et social, les instruments financiers se donnent ensuite la possibilité de se mettre au diapason de l'objectif de soutenabilité.

Nous voyons la proposition de cet ouvrage pleinement corrélée avec l'enseignement que nous dispensons à Kedge BS. Face aux enjeux de l'Anthropocène, les débats sont nombreux concernant l'urgence d'intégrer ces questions dans les formations en finance et économie. Faut-il voir là un phénomène de mode, une nouvelle niche de différenciation pour universités et écoles de management ou, au contraire, un réel besoin de transformation des modèles d'enseignement ? Il s'agit d'aller beaucoup plus loin et de s'engager dans un modèle disruptif où le sociétal ne soit plus seulement une variable d'ajustement visant des effets de réputation et d'image. La notion d'intégration est alors le concept central et indispensable, impliquant une volonté pleine et consciente de donner plus de sens au rôle des instruments financiers, à leurs missions et aiguiser ainsi l'esprit critique afin de ne pas décorréler les outils théoriques du monde réel. Ainsi, des matières comme la macroéconomie, la théorie financière écologique, l'histoire de la dette et de la monnaie, l'épistémologie et l'anthropologie de la finance et des modèles financiers, la géopolitique, la géostratégie, la stratégie d'entreprise, les enjeux énergie et climat, l'intégration des ODD dans les pratiques de gestion, la modélisation des risques climatiques… sont des contenus indispensables aux étudiants pour comprendre l'environnement dans lequel ils interagissent.

Il y a plus de dix ans, dans une tribune pour le journal *Le Monde*, Edgar Morin énonçait : « Le probable est la désintégration. L'improbable mais possible est la métamorphose », tout en ajoutant : « Aujourd'hui, tout est à repenser, tout est à recommencer ». En pleine crise sanitaire du

COVID-19, renforcé par une crise identitaire et paradigmatique, ces mots résonnent encore un peu plus comme un encouragement à s'engager plus loin, plus haut et plus fort pour une finance au service de la société, mais en repensant les bases épistémologiques et ontologiques d'un système qui a aujourd'hui plus détruit qu'il n'a créé.

Christophe Revelli, Kedge BS
Professeur de finance durable, fondateur et directeur du MSc Sustainable Finance, titulaire de la chaire CANDRIAM/KEDGE « *Finance Reconsidered : Addressing Sustainable Economic Development* »
Fondateur et membre du réseau Post Crisis Finance Network (PoCFIN)

PREAMBULE

Cet essai tente de poser sur l'investissement socialement responsable (ISR) un regard différent de celui des experts de la gestion d'actifs et de celui des professionnels de l'épargne. En effet l'investissement socialement responsable souffre d'une large méconnaissance par le grand public[1]. Si 60 % du public semble conscient de l'importance de l'impact environnemental et social dans ses décisions d'investissements, ce même public est désorienté entre les notices d'information légale totalement absconses des produits d'épargne responsable et les nombreux débats, universitaires ou grands public qui interrogent la légitimité de la finance sur ces sujets, tant elle est perçue comme la principale alliée d'un monde qui court à sa perte.

Cet ouvrage postule une autre position dans ce débat entre d'une part la légitimation de l'investissement responsable

---

[1] L'enquête nationale annuelle réalisée par l'Ifop du 26 au 28 août 2019 auprès de 1006 Français pour Vigeo Eiris, l'agence internationale de recherche et services ESG (Environnement, Social et Gouvernance) et le FIR (Forum pour l'Investissement Responsable) pour la 10ème année consécutive confirme l'intérêt des Français pour les produits d'épargne et d'investissement responsable, et leurs attentes de conseil de la part des établissements financiers. Les résultats de l'enquête montrent le fossé existant entre la place importante que six Français sur dix accordent aux impacts environnementaux et sociaux dans leurs décisions de placements et la diffusion de l'ISR dans le grand public. En effet, 61 % des personnes interrogées déclarent n'avoir jamais entendu parler de cet investissement avant cette enquête. Seulement 6 % des personnes interrogées déclarent s'être vu proposer de l'ISR par leur conseiller et uniquement 5 % déclarent avoir déjà investi dans un fonds ISR.

par la réglementation et, d'autre part, la dénonciation de la cupidité du monde de la finance. Nous considérons que l'action passe par des chemins praticables rapidement au cœur de la finance et du droit. Il y a un impératif urgent à transformer le code monétaire et financier pour en faire un outil intégré à la lutte contre le réchauffement climatique, la préservation des ressources naturelles et la défense des droits des hommes au travail.

L'intégration du droit à l'effort de transformation économique est éclairée par un exemple historique. Au lendemain de la seconde guerre mondiale, l'Allemagne effondrée et dévastée s'est reconstruite, relevée, sans jamais s'écarter de la démocratie et soulignons-le, d'une démocratie sociale. Cette reconstruction ne s'est faite ni à l'écart du marché, ni avec le marché, mais en dominant le marché par le droit. C'est l'ordolibéralisme allemand qui a ensuite servi de référence juridique dans la longue construction européenne.

Dans cette logique, une certaine symétrie s'est imposée entre la dévastation de l'Allemagne en 1945 et les potentialités dévastatrices de l'effondrement environnemental. La finance doit être un outil de transformation environnemental, social et économique. Mais c'est la loi qui doit lui indiquer le chemin et non le marché. Il nous a semblé nécessaire de nous interroger sur deux possibilités d'évolutions législatives réalistes :

- Premièrement, un écart subsiste entre le Code civil, qui accorde aux sociétés le droit de prendre en considération les enjeux sociaux et environnementaux dans leur activité et le Code monétaire et financier, qui conserve un but exclusivement financier aux organismes de placement collectifs de valeurs mobilières. Cet écart contribue à la méconnaissance par le public de l'investissement socialement responsable et il enfume les épargnants dans l'épaisseur de règlementations incompréhensibles sinon par des professionnels, dont certains en tirent profit pour faire du *greenwashing*.

- Deuxièmement, l'épargne des citoyens qui nourrit la finance reste administrée sans partage par la sphère financière. Le Code monétaire et financier écarte toute démarche d'auto-détermination collective des épargnants dans les organismes de placement collectifs de valeurs mobilières. Les conseils d'administration des Sicav sont occupés par les financiers. La gestion des fonds communs de placement est uniquement le fait des gérants. Les épargnants n'ont aucun droit consultatif. L'industrie de la gestion d'actifs a toute latitude pour faire passer ses intérêts avant ceux de la société et vendre des pseudo-produits socialement responsables.

L'investissement socialement responsable et la démarche démocratique sont intrinsèquement liés pour prendre en charge la demande des citoyens de préservation de l'environnement, de gestion sociale et de croissance raisonnée. Il n'y a pas le Code monétaire et financier et la technique de sélections des actifs d'un côté, avec ses gérants et ses sociétés de gestion, et de l'autre des épargnants qui investissent dans des produits qui leur échappent.

Un chemin législatif et démocratique existe en cohérence avec les contraintes économiques et de gestion financière. Puissions-nous souhaiter que quelques forces législatives à l'esprit libre et aux convictions réformistes s'en emparent.

INTRODUCTION

Régis Debray[2], citant Paul Valéry écrit : « Le premier mouvement des uns est de consulter les livres, le premier mouvement des autres est de regarder les choses ». Il commente : « Valéry, lui, faisait les deux ». Nous suivrons donc la recommandation de Debray en faisant des allers-retours entre l'économie, la finance, la philosophie, les sciences sociales et le business de la distribution des OPCVM[3] pour mieux comprendre les conditions nécessaires juridiques, financières et marketing qui pourraient faire de l'investissement socialement responsable un outil de réforme (parmi d'autres) de la société. Ces allers-retours sont guidés par un soupçon : la finance n'est-elle pas l'émanation d'une manière de penser qui est un déni du monde de la vie ? La question serait alors fondamentalement philosophique. Mais la philosophie n'est pas d'une grande aide en finance, il faut explorer des arguments plus efficaces dans la pensée économique, financière et en sciences sociales.

Lorsque la crise des *subprime*s est survenue en 2007, nous avons pu être tétanisés par l'incompréhension financière et l'ampleur du risque encouru par les épargnants qui croyaient avoir placé leur argent en sécurité pour protéger leur famille et

---

[2] Régis Debray, *Un été avec Paul Valéry*, Equateurs France Inter, Paris, 2019, p. 95.

[3] OPCVM : Cet acronyme désigne un organisme de placement collectif de valeurs mobilières qui sont en pratique les fonds dans lesquels nous épargnons dans un contrat d'assurance-vie ou dans un PEA. Ces fonds peuvent prendre deux formes juridiques : Société d'investissement collectif à capital variable ou Fonds commun de placement. La Sicav est composée d'un conseil d'administration pour sa gouvernance. Le FCP est une indivision d'épargnants dont la gouvernance est le fait du gérant.

voyaient leur épargne disparaître dans le millefeuille de la titrisation du risque d'insolvabilité des débiteurs. Goldmann Sachs a gagné beaucoup d'argent dans cette affaire avec le fonds Abacus et la spéculation à la baisse sur l'immobilier. Nous étions au comble de l'exercice de la technique financière au détriment des intérêts collectifs des épargnants et des citoyens.

Cette crise a fait écho à la crise de 1929. Celle-ci n'atteindra la France que quelques années plus tard. Elle se manifesta par une onde de choc morale et politique, qui donna l'impulsion au jeune Emmanuel Mounier pour lancer à 27 ans la revue *Esprit*. La question qui mobilisa Mounier pour le reste de sa courte existence fut liée aux fondements de la crise morale, philosophique et politique qui entraîna le reniement des valeurs républicaines et démocratiques par le régime de Pétain. Cette époque était dominée par les mythologies du fascisme, d'un catholicisme très conservateur et de l'aura encore non entamée de l'expérience soviétique.

Le fascisme est encore espérons-le pour longtemps au banc de la société, l'influence du catholicisme sur la morale individuelle a considérablement reflué, le communisme s'est effondré. La structure du monde est aujourd'hui celle de la finance. A la fin de 2017, Blackrock annonçait avoir dépassé les 6 000 milliards[4] de dollars d'actifs sous gestion, tandis que le PIB du Nigéria (212 millions d'habitants) est d'environ 481 milliards de dollars. C'est le plus gros PIB des pays africains. Même si cette comparaison est sujette à critique, nous pouvons mesurer l'influence de Blackrock sur la marche du monde. Cette influence est toute en silence car l'immense majorité de nos concitoyens, avant le projet de loi de réforme des retraites, n'a jamais entendu prononcer le nom de cette société d'asset-management. Il n'était donc pas nécessaire de se lancer dans une aventure intellectuelle, comme le fut *Esprit* en 1932, sans prise en compte des forces financières à l'œuvre dans le monde.

[4] Gestion de fortune 15.01.2018

Depuis 2007, la question de l'investissement socialement responsable est devenue de plus en plus prégnante au fil de l'accentuation de la crise écologique et des évidentes contradictions portées par l'accumulation des capitaux par quelques-uns et la pauvreté due à la faiblesse des salaires pour la majorité, notamment en Asie. Mais l'investissement socialement responsable recèle un double défi :

- Sa capacité à être expliqué au grand public pour qu'il s'en saisisse, ce qui est loin d'être acquis.
- Sa capacité à être distribué aux épargnants dans un environnement où il est mis en concurrence avec des offres d'épargne plus aisées à comprendre pour les épargnants et plus lucratives pour leurs concepteurs et leurs distributeurs.

La déshumanisation de la finance et sa complexité ont conduit nombre de personnes et de mouvements sociaux à l'indignation. C'était un temps nécessaire. Mais l'indignation peut rendre un mauvais service car elle donne bonne conscience à ceux qui s'indignent et remplace l'analyse par la morale, ce qui n'est jamais favorable à la compréhension éclairée. Il fallait donc interroger le double défi posé à l'ISR[5] à nouveaux frais et notamment dépasser les débats importants mais très spécialisés qui ont des difficultés à faire surgir un concept qui puisse être porté de façon compréhensible mais non réductrice auprès des citoyens et des épargnants. Il restait donc à creuser la question en mobilisant des ressources intellectuelles plus larges que les techniques complexes de gestion d'actifs.

Le risque d'une démarche transdisciplinaire, voire de *cross-over,* est le dérapage spéculatif ou l'enlisement dans des affirmations morales. L'objectif de ce travail est de tenter de

---

[5] ISR : par simplicité nous utiliserons cet acronyme pour désigner l'Investissement Socialement Responsable.

développer une perspective d'intention scientifique[6] d'intégration des apports des sciences sociales dans la gestion d'actifs ISR. Ce développement se fonde sur deux arguments, l'un que l'on pourra considérer orthodoxe et l'autre hétérodoxe.

- L'argument orthodoxe : l'anticipation de la valeur est fondamentale pour l'épargnant. Alors, peut-on enrichir les approches actuelles pour limiter les aléas de l'analyse des gérants ?
- L'argument hétérodoxe : il existe un intérêt élargi pour l'épargnant qui est le respect de l'environnement, celui des hommes au travail et de l'investissement en recherche développement pour obtenir une création de richesse au service de tous. Cet argument pose la question de l'assouplissement de l'article L.214-3 du Code monétaire et financier et de la reconnaissance des véhicules d'épargne collective comme de nouveaux corps intermédiaires dans la société.

Un plaidoyer philosophique et juridique accompagne cette argumentation. Le plaidoyer philosophique emprunte à Husserl et Ricoeur, mais aussi à Dewey et nous ouvre la possibilité de voir le monde autrement qu'à travers la pensée abstraite et mathématisant. Il s'agit, pour paraphraser Michel Henry, de regagner le monde de la vie. Le plaidoyer juridique fait suite à la parution, dans *Esprit* de janvier 2019, d'une étude sur Claude Lefort et l'extension des droits de l'homme.

En psychanalyse, on considère que la dépression surgit lorsque le désir ne rencontre pas son objet. Il est peut- être possible d'étendre cette observation à la société : un désir de réformes écologiques, sociales et d'innovations sans objet pour les porter démocratiquement est source d'angoisse sociétale. Les mouvements populistes de droite et de gauche sont les

---

[6] Cette expression est celle de François Perroux (1903-1987). Lyonnais d'origine, élève de Schumpeter, professeur à Lyon puis à Paris, François Perroux est élu en 1955 à la chaire d'économie créée à son intention au Collège de France. Perroux a profondément marqué l'université et la pensée économique françaises.

marqueurs d'une dépression démocratique et d'une utopie qui fait défaut. L'ISR peut déboucher sur une utopie d'un épargnant citoyen réformateur social et écologique. Mais l'épisode de démocratie ensauvagée[7] des gilets jaunes nous enseigne qu'il ne faut pas confondre les horizons. Il existe un horizon onirique, celui des utopies, qui est mobilisateur des énergies, et un horizon de la réalité avec laquelle il faut composer par des compromis et des ajustements. C'est le lieu de la médiation par le débat et les procédures démocratiques qui évitent de sombrer dans la confusion du désir et de la réalité, source de fanatisme et de violence.

A cet égard, le vote *Un homme, une voix*, représente un progrès démocratique d'inclusion et d'individuation que la traditionnelle démocratie actionnariale *Une action, une voix* ne peut accomplir. Cette question est au cœur de l'allocation stratégique des OPCVM pour déterminer les investissements alloués aux trois enjeux majeurs qui traversent notre société : la question écologique, la question sociale et la croissance innovante.

[7] Terme emprunté à Claude Lefort.

PREMIERE PARTIE

Les trois prérequis d'une insertion de l'ISR dans la société contemporaine

Notre environnement est en danger. Il est incertain que l'objectif de contenir le réchauffement climatique en dessous de deux degrés soit atteint d'ici la fin du siècle. La biodiversité est atteinte par un effondrement du nombre des espèces animales et végétales. Il faudra nourrir neuf milliards d'êtres humains d'ici quelques dizaines d'années en soutenant la productivité agricole dans un contexte de diminution des terres arables.

Les questions sociales restent majeures : le chômage est un problème persistant dans l'Europe méditerranéenne. La désindustrialisation relègue dans la pauvreté des régions entières. Les centres de décisions économiques qui régissent la vie des territoires sont situés à New York, Hong-Kong, Pékin. Une usine ferme à Bordeaux suite à une décision prise à Détroit. Le lien apparaît impossible entre les fluctuations du CAC 40 et le travail quotidien.

Pourtant, pour les *insiders*, c'est toujours *business as usual*. Le cap reste fixé sur les primes d'objectifs, le résultat d'exploitation, l'amélioration marketing, la croissance externe. La représentation mentale du monde des *insiders* et la réalité du monde vécu par l'homme de la rue semblent diverger. On peut bien noter des engagements personnels louables ou des initiatives de soutien au développement par telle ou telle entreprise, mais ce n'est pas ce qui fait la structure du monde économique qui commande notre réalité quotidienne.

Plutôt que de courir directement aux solutions techniques, il nous semble indispensable de fonder notre exploration du rôle que peut jouer l'insertion de l'ISR au cœur de la société contemporaine sur trois prérequis :

- Le pragmatisme d'une action *mainstream* plutôt que sur l'affirmation de l'existence d'improbables alternatives au capitalisme.
- L'analyse sérieuse des interactions économiques, financières, marketing et sociétales plutôt que sur des propositions globales incertaines.
- Un fondement anthropologique cohérent avec notre culture plutôt que sur une spéculation philosophique éloignée de la pratique.

En définitive, nous allons tenter de répondre à une question toute simple : Qu'est ce qui est en train de se jouer avec la finance, anthropologiquement, sociologiquement et politiquement qui s'opposerait à la construction d'un développement durable, à défaut d'un développement intégral[8]?

Une action pragmatique et *mainstream*

Muhammad Yunus, prix Nobel de la paix et inventeur du microcrédit[9], constate :

« Nous ne pouvons pas regarder une génération tomber dans les failles de la théorie économique parce que nous n'osons pas remettre en question la sagesse de nos théoriciens. Nous devons revoir notre copie en reconnaissant le potentiel illimité d'un être humain au lieu de compter sur la main invisible du marché. »

---

[8] Le développement intégral est la promotion de tout homme, et de tout l'homme, en prenant en compte la croissance matérielle mais aussi spirituelle de la personne humaine.

[9] Muhammad Yunus, *Vers une économie à trois zéros, Zéro chômage, zéro pauvreté, zéro émission carbone*, Lattes, Paris, 2017, p. 95.

Pour le dire de façon triviale, Muhammad Yunus lève une pierre sous laquelle se cache un serpent bien connu. Les émissions carbone, les questions sociales de l'homme au travail, la croissance économique, ces trois questions que les Anglo-Saxons appellent la *triple bottom line*, doivent-elle être traitées à partir de la croyance dans les effets de la main invisible d'Adam Smith ou de modèles théoriques, ou bien encore à partir de l'expérimentation ? La réponse à cette question n'est certainement pas univoque sur le plan de la science économique. Yunus constate que le monde politique et le monde académique n'ont pas réussi à indiquer aux générations actuelles un bon itinéraire[10].

Son interpellation est sensible : Le cadre actuel du capitalisme est inadapté. Des changements majeurs sont nécessaires pour permettre aux individus de s'exprimer de manière multidimensionnelle et résoudre les problèmes laissés sans solution ou même aggravés dans le cadre conceptuel actuel[11]. Nous pourrions objecter : n'en n'a- t-il pas toujours été de même ? La question sociale a dominé le 19ème siècle et la première partie du 20ème, la question de la croissance et du chômage la seconde moitié du 20ème, et aujourd'hui nous sommes aux prises avec la grave question environnementale. Mais Yunus pointe ici ce que nous pourrions nommer une faille anthropologique de la vulgate économique : « La théorie actuelle du capitalisme affirme que le marché est réservé à ceux qui s'intéressent uniquement au profit. C'est une interprétation monomaniaque des humains[12] ». Le propos peut paraître facile et un tantinet démagogique.

Le profit est une extraction de valeur ajoutée au bénéfice de l'actionnaire. Il est constitutif d'un cadre juridique qui est celui d'une entreprise capitaliste. Dans un cadre coopératif, cette extraction de valeur ajoutée retourne aux

---

10 *Vers une économie à trois zéros, Zéro chômage, zéro pauvreté, zéro émission carbone*, p. 187.
11 *Vers une économie à trois zéros, Zéro chômage, zéro pauvreté, zéro émission carbone*, p. 313.
12 *Vers une économie à trois zéros, Zéro chômage, zéro pauvreté, zéro émission carbone*, p. 313.

coopérateurs. Néanmoins, la conviction de Yunus (qui mérite d'être sérieusement nuancée) que l'interprétation anthropologique d'une universalité de la recherche du profit est une compréhension monomaniaque (et donc réductrice) de l'homme doit composer avec l'existence du désir de chaque entrepreneur d'améliorer son sort et de continuer à entreprendre en investissant les profits dégagés. Il y a donc bien une obsession monomaniaque ou pulsionnelle du profit chez l'entrepreneur, mais elle est à différencier du lucre, car elle est à la source de l'autonomie de l'entrepreneur. Comme le note Esther Duflo : « il est facile de confondre esprit d'entreprise et petite entreprise[13]». Même si la petite entreprise est plus souvent subie que voulue, la recherche du profit est indispensable à la continuation du projet de cette petite entreprise.

Pourtant, à ce point précis, la question du profit de l'entreprise capitaliste se heurte à un dilemme fondamental. Cette libération d'énergie et de créativité dans l'entreprise capitaliste doit-elle satisfaire essentiellement à des objectifs privés d'enrichissement en optimisant la fiscalité ou bien doit-elle servir par surcroît à des objectifs de développement durable englobant tant la performance économique que la préservation de l'environnement et les conditions de travail et de rémunération ? L'urgence de la question environnementale apporte une réponse sans équivoque à cette question. C'est la question de la RSE (responsabilité sociale et environnementale), qui concerne les entreprises de toutes tailles.

Cette urgence permet de sortir d'une confusion vivace relevée par Cécile Renouard[14] il y a une dizaine d'années. A l'expérience, il est bien clair que certains présidents de grandes entreprises aujourd'hui n'ont pas fait leur aggiornamento intellectuel. Cette confusion s'exprime comme suit : pour les

---

[13] Esther Duflo, *La politique de l'autonomie*, Seuil, Paris, 2010, p. 58.
[14] Cécile Renouard, *La responsabilité éthique des multinationales*, PUF, Paris, 2007, p. 9.

uns, l'entreprise n'est pas en premier chef concernée par le développement durable, car ce n'est pas son objet juridique, et, pour les autres la participation de l'entreprise au développement durable est nécessaire, même si ce n'est pas son objet juridique. Ces derniers sont considérés par les premiers comme des rêveurs, voire des gauchistes, et par les fondamentalistes de l'écologie, comme des manipulateurs.

L'urgence de la crise écologique nous convie au principe de réalité. Que l'on soit en accord avec les buts de l'entreprise capitaliste ou bien que l'on adhère aux possibilités alternatives possibles ou idéales, l'entreprise capitaliste modèle notre monde et la seule question qui importe est : comment déterminer l'approche et le mode d'action le plus efficace possible pour parvenir au but fixé : consommer les fruits sans nuire aux arbres, ni aux hommes ? [15]

Les modes d'actions pragmatiques et précis pour répondre à cette question sont clairs : la règlementation, l'action syndicale, l'action consumériste, la pression actionnariale. Nous pouvons noter qu'il s'agit toujours d'établissement de rapports de forces, soit par la règlementation fondée par le politique, soit par l'action collective des consommateurs ou des syndicats ou bien par le rapport de force financier qui peut approuver ou rejeter des propositions émises par une direction d'entreprise en assemblée générale des actionnaires. Nous nous intéresserons plus précisément aux conditions juridiques et financières qui permettent aux citoyens de faire une jonction efficace entre leur épargne (l'argent qu'ils n'ont pas consommé) et l'investissement de cette épargne dans les circuits financiers par les véhicules d'investissement socialement responsables. Yunus nous rappelle qu'une vieille route mènera toujours à une ancienne destination. Il faut certainement ouvrir une nouvelle voie pragmatique pour rallier efficacement les citoyens avec un financement socialement responsable des activités humaines, c'est-à-dire de la vie économique.

---

[15] Muhammad Yunus, *Vers une économie à trois zéros, Zéro chômage, zéro pauvreté, zéro émission carbone*, p. 159.

La pression actionnariale est un levier puissant, bien connu et utilisé depuis les années 1920 aux Etats-Unis dans le cadre de l'investissement socialement responsable[16]. A l'époque, les premiers fonds éthiques ont été lancés à l'initiative des Eglises baptistes et méthodistes qui avaient le souci de mettre en cohérence leurs principes et valeurs et leurs stratégies d'investissement en refusant d'investir dans les valeurs du péché, alcool, armes et jeux. Il ne s'agit donc pas d'un mode d'action alternatif mais bien d'un mode d'action *mainstream* qui rend indispensable une certaine compétence financière pour être efficace. Cette nécessité de compétence financière complique fortement l'appréhension de ce mode d'action par le grand public, en témoigne aujourd'hui la modeste diffusion dans le grand public de l'ISR.

Nous voyons donc se dessiner sous nos yeux un large paysage de controverses qui couvre à la fois la science économique, les questions de l'investissement socialement responsable à travers la gestion collective de l'épargne, les questions juridiques sur l'objet de l'entreprise et la place des actionnaires. Ces questions sont traversées de conflits, en économie[17], en matière d'investissement socialement responsable[18] et en matière de droit[19]. Le propos n'est pas de trancher théoriquement ces controverses, mais de trouver un chemin vers une action collective, efficace et à la portée de la plupart d'entre nous dans un contexte de grande complexité technique et règlementaire.

---

[16] César de Brito, Jean Philippe Desmartin, Valéry Lucas-Leclin, François Perrin, *l'Investissement socialement responsable*, Economica, Paris, 2005, p.30.

[17] Pierre Cahuc, André Zylberberg, *Le négationnisme économique*, Flammarion, Paris, 2016.

[18] Faut-il préférer une démarche d'exclusion ou une démarche de Best-in-class ? Cette démarche consiste à retenir les valeurs ayant la meilleure notation ISR pour constituer un portefeuille, sans exclure des valeurs dites « du péché ».

[19] Quel est l'objet social de l'entreprise : la valeur pour l'actionnaire ou le bien commun ?

L'analyse du réel est la condition de l'efficacité

La question de l'ISR peut être abordée sous un angle non économique en convoquant une réflexion sur la spiritualité, les valeurs, le bien commun ou encore un récit mobilisateur. Ces approches ne sont pas à écarter, néanmoins elles rencontrent des limites évidentes quant à la mesure de leur impact sur la vie financière.

Cécile Renouard[20] nous rappelle que nous vivons dans des sociétés qui ont des conceptions rivales du bien et qui sont sources de fractures (mariage de personnes de même sexe, fin de vie, Islam…). Dès lors, plutôt que de faire appel à des références religieuses clivantes, on pourrait penser qu'il est préférable de se mettre d'accord sur des principes ou des normes relatifs aux responsabilités communes. Elle souligne que la difficulté d'une telle approche réside dans le fait que l'énoncé de valeurs abstraites n'est pas un projet mobilisateur. Elle attire notre attention sur le fait que le projet politique de la transition écologique apparaît fortement compromis s'il ne mobilise pas des ressources spirituelles[21].

A contrario, la sociologue Nathalie Heinich[22] nous dit que toute crise se traduit par une montée en généralité, comme l'est l'invocation des valeurs. Les valeurs sont toujours une visée et sont une représentation du souhaitable. Elles sont donc fortement mobilisatrices (les conflits autour du mariage pour tous en témoignent) ainsi qu'un élément de la contrainte sociale : Être antisémite était une valeur de la droite au début du vingtième siècle, mais aujourd'hui la droite réprouve autant que la gauche l'antisémitisme. Elle souligne que la dimension émotionnelle des valeurs est fondamentale. Ainsi *Indignez-vous* signifie défendez les valeurs qui ont été attaquées. Les valeurs

---

[20] Cécile Renouard, *Vie spirituelle et transition écologique*, Les Etudes, Juillet/août 2016, p.32.
[21] *Vie spirituelle et transition écologique*, p. 32.
[22] Nathalie Heinich, *Des valeurs, une approche sociologique,* Gallimard, Paris, 2017.

sont des formes de liens émotionnels très puissants, comme en témoignent tous les mouvements identitaires par exemple ou bien les collectifs en faveur des migrants ou la camaraderie syndicale. Il est difficile de concevoir un engagement collectif sans recours aux valeurs. Le propre de ces valeurs pour être efficaces est qu'il faut qu'elles soient perçues par les acteurs comme universelles : l'appel à la justice, à l'égalité, aux droits de l'homme sont des référentiels de l'engagement qui puisent dans un imaginaire partagé pour les Occidentaux.

Le recours à l'imaginaire, c'est précisément le propos de Cyril Dion[23], homme d'image et de communication, qui nous rappelle que si nous voulons emmener des millions de personnes avec nous, nous devons leur dire où aller et que l'imaginaire est le carburant le plus mobilisateur, car bien souvent l'imagination précède l'action. C'est le métier des publicitaires (*j'en ai rêvé, Sony l'a fait)*. Bien évidemment, une action réaliste est une action qui commence autour de petits objectifs, même si elle voit grand, c*hoisissez des batailles assez importantes pour compter, mais assez petites pour les gagner*[24]. Dominique Bourg[25] nous alerte sur le fait que sans récit, c'est-à-dire sans sollicitation d'un imaginaire, il n'y aurait ni religions, ni nations, ni partis, ni identités individuelles ou collectives, autrement-dit rien qui fasse sens. C'est aussi la position d'Hernst Hilledebrand qui a dirigé pendant cinq ans une fondation proche du SPD. Selon lui, sans une acceptation émotionnelle et préalable de l'émetteur d'un message, celui-ci reste sans effet[26]. Cette acceptation émotionnelle passe par des représentations imaginaires qui nous touchent : les sculptures du cloître de Cluny parlaient aux moines et la France éternelle du Général de Gaulle parlait aux hommes qui s'engageaient dans la France libre. Mais l'imaginaire est le produit d'un temps. Aujourd'hui, la solution réside peut-être comme le suggèrent Martha Nussbaum et Mickael Walzer, dans la

---

[23] Cyril Dion, *Petit manuel de résistance contemporaine*, Actes Sud, Arles, 2018, p. 49.

[24] Jonathan Kozol, cité par Cyril Dion, p. 116.

[25] Dominique Bourg, *Le Monde*, 6 janvier 2018.

[26] *Le Monde*, 2 avril 2016.

formation des émotions démocratiques et dans une négociation entre références laïques et religieuses pour nourrir un projet jamais achevé dans un dialogue critique.[27]

Il est néanmoins peu probable qu'une formation d'émotions produise à elle seule un récit mobilisateur aussi fort que celui que souhaiterait Cyril Dion pour réformer un monde largement financiarisé. De même qu'il est improbable que le discours de Pierre Rabhi soit vraiment scientifique et lui permette d'influer sur la recherche en agro-écologie pour produire un consensus qui se répercute sur le monde agricole traditionnel et l'agro-industrie. Il n'est pas non plus certain lorsque Cyril Dion dénonce le capitalisme comme source du réchauffement climatique, qu'il soit entendu par les responsables économiques. Il dénonce plus qu'il ne dissèque des mécanismes précis en proposant une alternative praticable.

Pour produire un récit de réformes, il faut lier l'émotion légitime qui produit l'impulsion de l'engagement à une analyse critique du réel pour faire apparaître dans le réel des possibilités de transformation au cœur du système. Mais il s'agit d'un travail en profondeur qui mobilise bien au-delà de l'ardeur militante, de la spiritualité, des valeurs, de la recherche d'un bien commun improbable ou d'un imaginaire partagé. Il y a une exigence scientifique et de confrontation avec le réel qui fondent un engagement réformiste autour de l'ISR. Nous avons bien conscience qu'en appelant à un engagement réformiste, un imaginaire, des références socio-politiques apparaissent. Mais celles-ci relèvent de motivation personnelle d'engagement et doivent être tenues à distance pour développer une réflexion susceptible de dessiner, pour des professionnels de la finance, des juristes, des sociologues, des chefs d'entreprises et des politiques, un chemin cohérent pour allier les objectifs d'épargne de nos concitoyens avec les préoccupations partagées de respect de l'environnement, de justice sociale et de création de richesses. La pratique démocratique pourrait être, plus

[27] *Vie spirituelle et transition écologique*, p. 40.

qu'une valeur dans cette démarche, une condition technique efficace pour allouer les investissements.

Il y a une frontière entre ceux qui s'indignent et ceux qui œuvrent dans le système. Nos émotions sont dignes d'être analysées avec le filtre du réel, de la technique, de l'interprétation. C'est là que doit se concentrer l'effort de transformation pour lutter contre le *business as usual* qui se fait complice *du désordre établi*, comme le dénonçait Emmanuel Mounier en son temps. La prise de conscience des professionnels concernés peut se faire sur une évocation de valeurs communes, d'analyse et de critiques techniques.

Un fondement anthropologique cohérent : *oeconomica et pecuniare quaestiones*

C'est précisément dans cette optique qu'il est possible de recevoir le texte de l'encyclique *Oeconomica et pecuniare quaestiones* [28]. Ce texte est un outil intéressant si nous acceptons de poser un regard distancié sur les questions religieuses. En effet nous pouvons dire que le Vatican est l'état dépositaire d'une grande partie de l'imaginaire occidental. C'est d'ailleurs autour de cet imaginaire exceptionnel que se sont construites au fil des siècles la politique et l'économie de l'Occident. Sa force de prescription de valeurs est combattue par beaucoup en Europe de l'Ouest en matière de sexualité, mais elle est respectée en matière sociale et économique. Le Vatican a pris position pour blâmer la culture amorale de la finance[29]. La parution de cette encyclique *Oeconomica et pecuniare quaestiones* rédigée par la Congrégation pour la doctrine de la foi est remarquable car il est très rare que l'Eglise catholique produise un texte qui va au-delà de considérations confessionnelles. Ce texte nous rappelle que « l'esprit humain

---

[28] Congrégation pour la doctrine de la foi, *Oeconomica et pecuniare quaestionnes*. Cerf, Paris, 2018.
[29] Le Vatican étrille les marchés financiers. Cécile Chambraud. *Le Monde* 18.05.2018

cherche toujours dans la vérité et la justice le fondement solide sur lequel il va fonder son œuvre, percevant que sans cette base son orientation ferait défaut. Aucun espace dans lequel l'homme agit ne peut légitimement prétendre être étranger ou rester perméable à une éthique fondée sur la liberté, la vérité, la justice et la solidarité[30]. »

Nous voyons ici converger des préoccupations partagées bien au-delà de l'Eglise catholique et que l'on peut rattacher sans difficulté au concept de responsabilité universelle promu par Nicolas Hulot[31]. Beaucoup de projets de transition écologique voient le jour (cf. le film Demain) sans référence à une spiritualité particulière, mais leurs promoteurs portent une vision de nouveaux récits collectifs à écrire en réinvestissant les valeurs et traditions de leur société : l'attention à la création, les droits de l'homme, la fraternité humaine et le soin des plus pauvres.

L'encyclique *Laudato si'* de 2015 avait traité de la question écologique. Mais la question de la prédation financière restait encore en marge. L'encyclique *Oeconomica et pecuniare quaestiones* les traite, en énonçant trois principes anthropologiques fondamentaux[32] :

- La promotion intégrale de la personne humaine.
- La destination universelle des biens.
- L'option préférentielle pour les pauvres.

La source d'un droit objectif des personnes

Monseigneur Rouet[33] écrivait en 2009 qu'il est plus facile de faire de la théologie face à la lutte des classes que face à un supermarché. Il pointait le désarroi d'un ecclésiastique formé par une pensée de l'abstraction théologique et

---

30 *Oeconomica et pecuniare quaestiones,* p. 13.

31 Nicolas Hulot, Vandana Shiva, *Le cercle vertueux, entretiens avec Lionel Astruc*, Actes Sud, LLL, Arles, 2018, p. 17.

32 *Oeconomica et pecuniare quaestiones,* p. 29.

33 Albert Rouet, *J'aimerais vous dire*, Bayard, Paris, 2009, p. 115.

philosophique, soucieux de la vie quotidienne des hommes, mais démuni par son absence de connaissances des techniques et des sciences sociales. Le mauvais équipement intellectuel et technique des théologiens les tenait à distance de la société et leur parole avait du mal à porter. Avec cette encyclique, un pas est fait. Il y a une reconnaissance, ce qui n'équivaut pas à une promotion par l'Eglise, de l'influence des marchés sur le bien-être de l'humanité. Les marchés sont donc en connexion, selon l'analyse du dicastère pour le développement intégral, avec la question du bien-être de l'humanité. Cette question ne s'épuise pas dans un questionnement théologique sur la charité, mais le prolonge par une compréhension des mécanismes à l'œuvre sur les marchés. Le marché se définit comme le lieu de rencontre entre l'offre et la demande. L'offre et la demande se rencontrent autour de motivations différentes : les uns veulent gagner de l'argent pour se nourrir ou se développer en proposant une offre et les autres formulent une demande de biens, de services ou d'images pour répondre à des manques. L'échange qui se conclut autour d'un prix risque d'être inégal par manque d'information pour l'acheteur. Il peut aussi mettre le vendeur en position de faiblesse face à un acheteur puissant qui propose un prix trop faible. Cette iniquité réclame une régulation. Cette régulation ne peut être obtenue que par un fondement éthique. L'éthique[34], questionnement de la conscience dans chaque situation considérée comme spécifique, requiert une

---

[34] La dimension éthique se fonde dans l'espérance d'un déploiement intégral du bien que le christianisme identifie à la personne de Jésus-Christ. Les quatre évangiles recueillent les traditions des premières communautés chrétiennes. Celles-ci avaient fait crédit à la puissance de renouvellement de la vie porté par le message de Jésus de Nazareth. Elles se réunissaient autour de la certitude d'une capacité performatrice de la vie spirituelle. Le fruit de cette vie spirituelle est la Caritas, manifestation de l'amour pour son prochain. Cet élan vers son prochain est le moteur de l'action non seulement entre les individus, mais aussi dans la transformation des rapports sociaux et économiques. Des communautés de fraternité, de partage et de soins mutuels en sont nées. C'est la vision mondaine de l'Eglise, soutenue par une expérience spirituelle de vie dans l'esprit de Jésus de Nazareth.

compréhension approfondie des mécanismes économiques et financiers pour établir un échange équitable.

La question de l'éthique est sur le fond une question d'anthropologie : la possibilité du retour en soi-même pour s'interroger sur le fondement de soi-même. Arrivé à ce point, il est possible de faire l'expérience que le soi ne sature pas le soi-même. En soi- même, il subsiste une place vide dans laquelle peut surgir un déploiement de l'affect plus fort que le sentiment de soi-même, qui prend le pas sur le soi-même et oriente la personne humaine vers le don à son prochain. C'est donc de l'expérience consciente de l'altérité dont -il s'agit. Cette expérience est profondément libératrice pour la personne car elle fait reculer l'angoisse de mort, le fondement de soi- même s'établissant au-delà de soi-même, dans la communauté humaine. Il en découle une forme de joie, de fluidité des rapports humains et de liberté d'être. Culturellement et historiquement, cette expérience se reconnaît dans la tradition évangélique. Celle-ci n'en n'ayant d'ailleurs absolument pas cependant pas l'exclusivité, ce que reconnaît l'encyclique.

L'Eglise catholique affirme qu'il est possible de constituer une sagesse morale commune à l'humanité sur la base de droits objectifs des personnes dont le fondement réside dans cette anthropologie d'une présence spirituelle issue de l'expérience de l'altérité. Cette expérience de l'altérité fait émerger le sentiment de proximité avec ce qui est humain. C'est ce sentiment de proximité qui nous fait reconnaître dans l'autre sa dignité et son inviolabilité. L'autre est rendu à sa place : c'est l'avènement de la justice. La caractéristique de la justice est de mettre chacun à l'abri de l'exercice de la volonté des plus forts. Chaque sphère de l'action humaine est concernée par cet idéal de justice. L'exercice du discernement avisé est le moyen de tendre vers cet idéal de justice. La raison au service de l'esprit de justice ne saurait donc se tenir à l'écart de toute activité humaine. Chaque sphère de l'activité humaine doit être auscultée sous l'angle de la place laissée à l'homme pour que chacun puisse accéder à une vie authentique, libre et en lien avec ses frères. L'économie, composante majeure de la vie contemporaine, est concernée par cet idéal d'une vie authentique, libre et productrice de liens humains. Cet idéal nourrit une espérance qui infuse au quotidien de la vie de chacun et donne un sens. La règle d'or est de faire aux autres ce que nous aimerions qu'ils fassent pour nous-mêmes[35] afin qu'un nouvel ordre de relations sociales se tisse.

Conclusion : Sortir de la financiarisation de la société mais pas de la finance

L'activité économique s'insère dans cet ordre de relations sociales. Il n'y a pas de primauté de l'économique, celui-ci est un ordre de l'activité humaine au service d'un ordre supérieur qui est l'ordre des relations sociales. Chaque entreprise constitue un important réseau de relations sociales et, à sa manière, elle représente un véritable corps social intermédiaire[36]. La création d'une valeur ajoutée, finalité principale du système économique et financier, doit ancrer sa viabilité dans un cadre éthique qui recherche le bien pour l'ensemble du corps social. Sinon, pourrions-nous ajouter, l'entreprise prospère tel un parasite sur la bête. Il n'y a donc pas de neutralité de l'action économique. Affirmer le contraire, c'est déjà affirmer une position anthropologique sous-jacente, celle d'une vision de l'homme producteur/consommateur dont la finalité consisterait à optimiser ses gains et son plaisir. Il s'agit d'un autre paradigme que celui qui consiste à prendre soin de son frère humain. Le paradigme anthropologique qui est au fondement de ce travail est celui exprimé par Erasme[37] :
« Quand j'entends la voix d'un homme, je m'empresse d'accourir, comme vers l'animal qu'une naissance commune a rendu mon semblable et j'espère trouver près de lui une petite place où me reposer. »

---

[35] Règle énoncée en Matthieu 7,12 et Luc 6,31.
[36] *Oeconomica et pecuniare quaestiones,* p. 58
[37] Erasme, *Complainte de la paix*, Gallimard collection Folio sagesses, Paris, 2017, p. 27.

La montée des inégalités, parallèlement à l'accroissement de la richesse, contredit violemment l'ordre des relations sociales. Dans ce contexte, même si la régulation financière s'est considérablement accrue depuis la crise de 2008, la préoccupation de partager la richesse et d'éliminer les inégalités est toujours hors du champ de la finance. Cela pose un problème redoutable car l'activité financière détermine et oriente la politique économique mais aussi celle des gouvernements. A ce titre, elle porte une responsabilité du long terme qui l'engage dans la société. Ainsi, les subprimes font courir au monde des risques excessifs, sans liens avec le développement économique et humain. Il en est de même des exigences excessives de retour pour l'actionnaire, qui portent atteinte à la rémunération du travail. Le travail perd sa qualification de bien pour l'homme et est ravalé au simple rang de marchandise. Ces risques excessifs et la pression de l'actionnariat peuvent mettre en danger l'épargne des familles. L'épargne est désignée par l'encyclique comme un bien public à protéger. Elle doit être administrée, c'est-à-dire régulée et pas simplement gérée dans un but de profitabilité pour les distributeurs, les gérants d'actifs et les banques et compagnies d'assurance. Les rotations excessives de portefeuilles, le défaut d'impartialité, le manque de diligence dans la protection des intérêts et les crédits sur épargne[38] sont des pratiques contraires à la protection de l'épargne des familles.

Les critères de cette réflexion éthique appelée par l'encyclique ressemblent fortement aux objectifs du programme des Nations unies pour le développement repris dans les chartes de l'investissement socialement responsable : protection de l'environnement, lutte contre la pauvreté et recherche de la prospérité et de la paix. Ce sont donc des critères plus larges que ceux du Produit intérieur brut ou du profit. La supériorité de la visée économique (économisme) est ici invalidée : l'argent doit servir et non gouverner. L'économie doit être mise en relation avec des objectifs politiques. L'encyclique réclame une alliance renouvelée entre l'économie et le politique. Nous

[38] *Oeconomica et pecuniare quaestiones,* p. 56

verrons que cette question rebondit sous l'angle de l'introduction de la démocratie en économie, et surtout en finance pour que l'auto-détermination collective (*empowerment* en anglais) soit effective.

Il y aurait donc comme un impératif éthique à sortir non pas de la finance mais de la financiarisation de la société : la domination des *stakeholders* sur les *shareholders,* la domination des actionnaires sur celle des parties prenantes de l'entreprise que sont les salariés, les consommateurs, les fournisseurs, les collectivités locales et l'Etat qui fournissent les infrastructures économiques, les banques qui financent et les organismes sociaux qui protègent les salariés et leurs familles.

DEUXIEME PARTIE

Les OPCVM, un monde largement ignoré par les épargnants

Il faut observer la structuration du CAC 40[39] pour comprendre quels sont les actionnaires d'un grand indice boursier. L'actionnariat des salariés compose 6 % du CAC 40. Il provient essentiellement de l'épargne salariale. Les investisseurs individuels représentent 9 % des actionnaires. Ce sont des particuliers plus ou moins aisés qui gèrent leur portefeuille boursier pour en tirer soit des revenus, soit une valorisation. Les familles et fondateurs détiennent 17 % de l'indice. Elles poursuivent des stratégies de pérennisation de leurs entreprises et de valorisation de leurs patrimoines. L'Etat Français (5 ,1%), les investisseurs industriels (5,3 %), des fonds souverains étrangers (4,6 %), des institutions financières (3,7%), fonds de pension (2,2 %), de l'auto détention (2 %) et des sociétés d'investissement (0,6 %) complètent le tableau à hauteur de 55,5 %, en gérant des participations pour des objectifs stratégiques ou politiques. Les 44,4 % restant sont détenus par des gestionnaires d'actifs dont les principaux identifiés sont BlackRock, Vanguard, Amundi et Natixis.

Ces gestionnaires d'actifs travaillent pour le compte de banques, compagnies d'assurance, fonds de pensions ou caisses de retraite qui leur ont confié l'épargne de leurs clients pour la valoriser ou en tirer des revenus sur le moyen-long terme. Cette épargne est gérée dans le cadre de mandats de gestion ou avec des véhicules juridiques nommés O*rganisme de Placements*

[39] *Le Figaro*, 31.01.2018.

Collectifs en Valeurs Mobilières (OPCVM). En France, le poids de la gestion d'actifs (monétaire, obligataire et actions) est d'environ 4 180 milliards d'euros fin 2018[40] dont 1 960 milliards en OPCVM et 2 220 milliards en mandats de gestion. La part des fonds actions et diversifiés représente 345 milliards. En Europe, la part des OPCVM s'élève à 10 990 milliards d'euros toutes catégories confondues. Pour mémoire, en 2019, l'autorité des marchés financiers avait agréé 657 sociétés de gestion.

Selon le Code monétaire et financier, ces organismes prennent la forme soit de Société d'Investissement à Capital Variable (SICAV) soit de Fonds Communs de Placement (FCP). La SICAV est une société anonyme qui a pour but la gestion d'un portefeuille. Le FCP n'a pas de personnalité morale, il est une copropriété. Les OPCVM doivent agir au bénéfice exclusif des souscripteurs et leurs dirigeants doivent, eux, agir de façon indépendante[41]. Ces véhicules juridiques sont donc les investisseurs qui travaillent pour le compte des épargnants. Ils gèrent des dizaines ou des centaines de millions d'euros dans chacun des fonds, en toute autonomie et dans un cadre règlementaire très contraignant.

Les montants engagés dans l'intermédiation financière constituent des lieux d'influence et de décision centraux dans l'économie. Ils concurrencent ceux des états dans leurs capacités d'orientation de l'économie. Donc les questions du développement durable, de la place de l'homme au travail et de la croissance économique sont profondément liées à la nature de cette intermédiation financière. Cependant, il est important d'observer que l'outil juridique des OPCVM est incomplet pour donner une possibilité d'action claire aux épargnants conscients des enjeux sociétaux.

---

[40] Source : étude économique AFG. Avril 2019.

[41] Code monétaire et financier. Art L 214-3.

Les OPCVM : un corps social intermédiaire ?

La première remarque est le caractère invisible socialement des OPCVM en dépit de leur très grande place dans l'activité économique. Ils restent pour les épargnants un monde abscons qui ne suscite que peu de questions quant à leur fonctionnement. Les Français dans leur immense majorité n'y prêtent aucune attention, ne se doutant même pas, la plupart du temps, de leur existence. Pourtant, il est difficile de ne pas faire un parallèle entre ces véhicules juridiques, qui s'intercalent entre les épargnants et le pouvoir économique des entreprises, et les corps intermédiaires qui existaient sous l'ancien régime et qui, aujourd'hui, prennent la forme de syndicats, ONG, organisations religieuses… Sous l'ancien régime, ces corps, qui pouvaient être des compagnies de commerce, possédaient leurs propres lois et statuts, ce qui ne les dispensait pas d'obéir aux lois générales, et des libertés et privilèges qui les garantissaient contre l'arbitraire et le despotisme du prince. En tant que personne morale, un corps pouvait posséder des biens ou intenter un procès pour faire respecter ses coutumes[42]. De nos jours, un syndicat de salariés ou un syndicat professionnel, une ONG ou une organisation religieuse défendent des intérêts spécifiques de citoyens face au pouvoir de l'Etat. Ils s'insèrent dans un environnement juridique propre à leur activité et peuvent faire valoir leurs droits. L'extension du pouvoir économique sur la société par le développement d'entreprises multinationales relativise le pouvoir de l'Etat qui doit désormais composer avec le pouvoir économique. C'est à cet endroit qu'un gérant d'actifs peut, à l'instar d'un corps intermédiaire, face à l'Etat et surtout face au pouvoir d'un conseil d'administration défendre les intérêts des épargnants. Pour cela, il peut proposer le vote d'une résolution en assemblée

[42] Solange Marin, « CORPS INTERMÉDIAIRES », *Encyclopædia Universalis* [en ligne], consulté le 28 octobre 2019. URL : http://www.universalis.fr/encyclopedie/corps-intermediaires/

générale[43] ou ester en justice s'il lui semble que ses droits ne sont pas respectés. Néanmoins, en dépit de l'importance des OPCVM dans la représentation des intérêts des épargnants, ceux-ci se tiennent largement à l'écart. Deux raisons peuvent être invoquées : le coût financier de l'activisme juridique en assemblée générale et l'évidente impossibilité d'intervention des OPCVM indiciels. Dans le cas des OPCVM indiciels, ceux-ci ne représentent pas les intérêts des épargnants face au pouvoir des conseils d'administration des entreprises. Ils représentent simplement un indice pour l'épargnant qui ne peut faire valoir aucun pouvoir.

Un objet social élargi pour les OPCVM ?

La seconde remarque tient à l'article L.214-3 du Code monétaire et financier. S'il est évident que la technicité de la gestion d'actifs et l'engagement juridique d'agir au bénéfice exclusif des souscripteurs requièrent la liberté du gérant, il est permis de s'interroger sur l'objet d'un OPCVM qui se définit uniquement par le bénéfice des souscripteurs. La notion d'intérêt social n'est pas retenue dans cet objet. Un parallèle s'impose à l'esprit avec l'article 61 de la loi PACTE, qui a proposé que l'article 1833 du Code civil soit enrichi d'un nouvel alinéa précisant que toute société doit être gérée dans son intérêt social, en prenant en considération les enjeux sociaux et environnementaux de son activité. C'est la première fois qu'une norme de gestion de l'entreprise sera posée par le Code civil, dont les dispositions sur les sociétés, essentiellement forgées en 1804, ignorent l'entreprise, dixit Stéphane Vernac[44]. Il est évident que ne retenir, dans l'objet social d'un OPCVM, que le bénéfice des souscripteurs pose les questions suivantes :

- Certes le prospectus d'un OPCVM qui définit sa gestion mentionne bien la politique suivie par le gérant et lui confère une capacité de représentation des choix

[43] A ce propos, nous pouvons nous référer à l'activisme juridique de la société de gestion Phitrust sur la place de Paris.

[44] *Les Echos Entrepreneurs,* le 10.01.2019. Stéphane Vernac est maître de conférences en droit privé à l'Université de Picardie Jules Verne.

des épargnants. Mais peut-on considérer que les épargnants qui ont fait le choix d'une gestion active n'ont pas droit à voir leur choix reconnu par un objet social plus large que celui de bénéfices par la valorisation d'un indice ?

- Une reconnaissance juridique d'un objet social élargi pour la gestion active marquerait clairement pour le grand public la différence avec la gestion indicielle. A ce jour, la différence entre la gestion indicielle et la gestion active relève d'une différence de technique de gestion fondée sur des approches financières différentes. Pourtant, l'une peut défendre les droits des épargnants et est susceptible, dans le cadre de l'ISR de prendre en compte un intérêt social élargi, tandis que l'autre ne représente qu'un indice sans valeur sociétale.
- Le prospectus d'un fonds de gestion active décrit la méthode et les moyens mis en œuvre par le gérant pour répondre aux objectifs du fonds. Cela est encore plus sensible lorsqu'il s'agit d'ISR. Lorsqu'il s'agit d'un fonds ISR sectoriel, eau, déchets, droit au travail…, il y a peu de débats. Le choix d'action sociétal de l'épargnant est clair. Mais l'ISR ne peut se réduire à des fonds sectoriels pour des raisons de sécurisation de l'investissement par la diversification. Les fonds multisectoriels et investis dans de grandes capitalisations sont moins volatils et offrent une plus grande liquidité. Dans ce cas, le gérant gère au bénéfice des épargnants et fonde ses choix sectoriels ISR dans cette optique. Son métier d'analyste financier n'est pas de générer de la plus-value à court terme mais d'apprécier le long terme. Or, en matière de choix de secteurs d'investissements, il n'existe pas d'approche technique définie. La conviction du gérant prévaut à moyen long terme. C'est pour cela que cette gestion est nommée, par les professionnels, gestion de conviction. Mais ne sommes-nous pas devant une aporie intellectuelle lorsque la conviction d'un seul est censée représenter la conviction de tous ceux qui lui ont confié leur épargne sans aucun moyen d'évaluation du

partage des convictions ? La conviction d'un seul (même expert) est-elle plus solide que la conviction de milliers de personnes partageant des intérêts dans le temps et qui constituent donc un panel plus représentatif des attentes de la société qui fonderont la demande de demain et donc l'activité économique des entreprises ? N'y-a-t-il pas un point oméga où l'intérêt économique et la démocratie, *Un homme, une voix*, convergent ? Si tel est le cas, pourquoi, n'est-ce pas repris par le droit du Code monétaire et financier ?

Ces OPCVM sont donc le lieu où peut s'opérer une convergence entre les besoins de l'épargnant et des objectifs de gestion éthique de son épargne. Dès lors qu'un épargnant détient des unités de compte dans son contrat d'assurance-vie, dans son épargne salariale, dans son PEA, il délègue à un gestionnaire d'actifs non seulement le soin de valoriser son épargne mais aussi le droit de façonner la société. Or l'intérêt financier de l'épargnant est un intérêt qui est en concurrence avec d'autres intérêts de l'épargnant : *l'environnement, la bonne gestion sociale, une croissance économique de long terme*. La politique de gestion d'un OPCVM peut intégrer ces différents paramètres. Les épargnants, premiers concernés en tant que citoyens, par la façon dont les investisseurs allouent leur épargne et donc influent sur le développement économique et social de leur environnement, n'ont pas la possibilité juridique d'exprimer collectivement et démocratiquement leurs choix stratégiques, même sans intervention dans le domaine très technique du choix des titres. La qualification des OPCVM de corps social et économique intermédiaire nous aide à comprendre la nécessité d'un objet social élargi pour les OPCVM et justifie une immixtion de la démocratie dans le choix des orientations de ce corps social. Il y a ici un chemin à emprunter pour élargir l'horizon de gestion de la finance à des critères extra-financiers qui rejoignent ceux du PNUD en s'accordant avec d'évidentes exigences démocratiques. Ce ne sont évidemment pas les seuls chemins : la fiscalité et les taxations sociales, le syndicalisme, les associations de consommateurs, les instances règlementaires sont autant de contrepouvoirs. Mais cette question qui lie l'investissement socialement responsable, traduction des critères du PNUD, et celle de l'orientation démocratique de l'investissement sont centrales et complexes. Elles embrassent à la fois le monde de la gestion collective, des questions fondamentales en économie que sont la monnaie, la valeur et le prix et engagent aussi une anthropologie.

Aperçu sur la gestion collective de l'épargne

Pour aller plus loin, il faut donc comprendre quelles problématiques poursuit un gérant d'actifs auquel nous avons confié notre épargne. Nous devons distinguer plusieurs catégories de gérants d'actifs :

- Le gérant sur le marché des devises. C'est le marché de l'échange des monnaies. Il n'intervient pas directement sur la vie des entreprises.
- Le gérant sur le marché de la dette. Ce marché décompose en dette à court terme (marché monétaire) et dette à long terme, marché obligataire.
- Le gérant sur le marché des actions. Le marché actions est de taille inférieure aux marchés de dette et au marché des devises. Mais c'est le marché des titres de propriété des entreprises.

Un gérant travaille dans le cadre de la description des objectifs et de la politique d'investissement de l'OPCVM. Ce descriptif fait l'objet d'un agrément de l'autorité des marchés financiers dans le cadre du dépôt du prospectus de l'OPCVM. L'épargnant retrouve ces informations dans un document règlementaire synthétisé appelé DICI (Document d'informations clefs pour l'investisseur).

L'investissement socialement responsable[45] est issu d'une analyse financière et d'une analyse extra-financière. Le premier temps de l'analyse porte sur les critères financiers.

---

[45] Lancés en 2006 par les principaux investisseurs mondiaux et parrainés par les Nations-Unies, les Principes pour l'investissement responsable (PRI) sont

Les objectifs et les critères financiers et extra-financiers des OPCVM

Les objectifs poursuivis par un OPCVM sont :

- Rechercher un rendement de l'investissement plus ou moins corrélé aux grands indices de marché. Le gérant va privilégier une approche non spéculative.
- Rechercher une croissance rapide de l'investissement. Le gérant va privilégier une approche de valorisation des actifs liée à des innovations, à des développements d'entreprises ou de marchés. Cette approche est plus spéculative.

La politique d'investissement est soit une gestion indicielle qui consiste en la reproduction d'un indice de marché (elle ne comporte pas de sophistication particulière), soit une gestion active. La gestion active se caractérise par une différenciation des approches de l'investissement. La gestion active peut être géographique ou sectorielle (ex. : agro-alimentaire, énergie, distribution de l'eau, pharmacie…). L'allocation d'actifs à l'intérieur de l'OPCVM peut être :

- Descendante (*top down*) : le gérant fonde son analyse sur la situation macro- économique de la région considérée pour déterminer l'affectation de l'investissement entre les différents secteurs d'activités.

---

une liste de six engagements volontaires qui incitent les investisseurs à intégrer les questions environnementales, sociales et de gouvernance à leurs décisions de gestion. Ces six engagements sont :

- Intégrer les questions ESG aux processus décisionnels d'investissement.
- Etre des actionnaires actifs.
- Demander aux entreprises de faire preuve de transparence en matière d'ESG.
- Encourager la diffusion des PRI dans le secteur de l'investissement.
- Coopérer pour améliorer la mise en œuvre des PRI.
- Rendre compte des activités et des progrès accomplis en matière de PRI.

- Montante (*bottom-up*) : le gérant fonde son analyse sur la situation des entreprises pour déterminer les opportunités d'investissements.

Le second temps de l'analyse porte sur les critères extra-financiers. Ces critères sont au nombre de trois.

- Environnement : prise en compte directe ou indirecte de l'impact de l'activité d'une entreprise sur l'environnement. Exemple : politique de gestion des déchets, d'économie d'énergie, émissions de gaz à effet de serre.
- Sociaux : prise en compte directe ou indirecte de l'impact de l'activité d'une entreprise sur l'ensemble des parties prenantes de l'entreprise. Exemple : respect des droits de l'homme, gestion des ressources humaines, qualité du dialogue social.
- Gouvernance : appréciation de la manière dont l'entreprise est dirigée, contrôlée et administrée. Les mesures anti-corruption, la qualité des relations avec les actionnaires, la rémunération des dirigeants, l'équilibre des pouvoirs entre mandataires sociaux et managers.

Les critères ESG constituent le socle d'évaluation extra-financière qui peut être réalisée en interne par des gestionnaires d'actifs ou bien en externe par des agences de notation indépendantes (Vigéo, Ethifinance, MSCI, Sustainalytics…). Chaque OPCVM ESG sélectionne des critères pour définir son univers d'investissement.

Ces critères peuvent être :

- L'exclusion : L'OPCVM élimine de son univers d'investissement certains secteurs ou entreprises en raison de leur activité. On distingue l'exclusion normative qui concerne les entreprises ne respectant pas des normes ou conventions internationales (droits de l'homme, organisation internationale du travail, …) et des exclusions sectorielles (énergie carbonée, armement, tabac…) pour des raisons éthiques.

- *Best-in-class* : L'OPCVM ne retient que les entreprises ayant les meilleures pratiques ESG au sein de chaque secteur d'activité. Les moins bien notées sont exclues, sans biais sectoriels.
- *Best-in-universe* : Ne sont retenues que les entreprises ayant les meilleures pratiques, tous secteurs confondus. Les autres sont exclues.
- Approche thématique : L'investissement ne concerne que des entreprises actives sur des secteurs liés au développement durable : eau, énergies renouvelables, santé…
- Engagement actionnarial : Le gérant de l'OPCVM engage un dialogue avec les entreprises pour influencer leur comportement et participe activement aux assemblées générales en posant des questions ou en proposant des résolutions.
- *Impact investing* : Désigne des investissements faits dans les entreprises avec l'intention de générer des impacts environnementaux et sociaux en même temps qu'un rendement financier.

Les labels de la gestion socialement responsable

Un des défis auquel est confrontée la gestion socialement responsable qui s'adresse aux épargnants est de permettre d'identifier aisément son offre. Trois labels ont vu le jour en France[46].

- Le label ISR : Créé par le ministère de l'Economie et des Finances, le label ISR a pour objectif de rendre plus visibles les produits d'investissement socialement responsable en France et en Europe. Son attribution repose sur l'analyse de critères distribués autour de six piliers.[47]

---

[46] Source : www.infodurable .fr

[47] Les six piliers du label ISR sont :

- Les objectifs généraux (financiers et extra financiers) recherchés par l'OPCVM.

En 2018, 149 fonds étaient labellisés répartis entre 32 sociétés de gestion, pour des encours s'élevant à 41,5 milliards d'euros.

- Le label GreenFin : Ce label garantit aux investisseurs que leurs fonds contribuent au financement de la transition écologique et énergétique. En 2018, 19 fonds étaient labellisés pour un encours d'épargne de 3 milliards d'euros.
- Le label CIES (Comité intersyndical de l'épargne salariale) créé sous l'impulsion des CFDT, CFTC, CFE-CGC et CGT., s'adresse aux fonds d'épargne salariale et représente 15,7 milliards d'encours et 75 % de l'épargne salariale.

Nous pouvons ajouter un quatrième label, celui de l'épargne solidaire, Finansol. Les fonds doivent se conformer à l'un des deux points suivants :

- Tout ou partie de l'encours de l'épargne (c'est-à-dire l'argent placé) est affecté au financement d'entreprises solidaires œuvrant principalement dans les domaines suivants : accès à l'emploi et au logement, soutien d'activités écologiques et à l'entrepreneuriat dans les pays en développement.
- Les revenus de l'épargne soutiennent les activités d'associations : 25 % au minimum des intérêts sont versés de façon régulière (au moins une fois par an) par l'épargnant sous forme de don à des organismes bénéficiaires.

Il est à noter que le vecteur principal de la diffusion de l'épargne solidaire est l'épargne salariale.

- La méthodologie d'analyse et de notation des entreprises dans lesquelles l'OPCVM investit.
- La prise en compte des critères ESG dans la construction et la vie du portefeuille.
- La politique d'engagement actionnariale.
- La transparence dans la gestion de l'OPCVM.
- La mesure des impacts positifs sur le développement durable.

Si l'ISR présent en France depuis le début des années 2000 s'est développé avec une certaine retenue, c'est en raison des multiples crises qu'ont affrontées les marchés (éclatement de la bulle internet en 2001, crise des subprimes en 2007, Lehman Brothers en 2008). Dans ce contexte, le souci des épargnants a d'abord été de protéger l'épargne. Les premiers à avoir pris en compte sérieusement l'ISR dans leur politique d'investissement furent les institutionnels (assureurs, caisses de retraites, fondations). L'épargne salariale est aussi un vecteur significatif de développement de l'ISR.

De quoi le label est-il la chose ?

Les objectifs de développement durable tels qu'affichés dans les labels sont-ils un indicateur suffisamment fiable pour les épargnants et les investisseurs ? Cette question ne peut pas être évitée tant il est complexe de parler d'ISR au grand public des épargnants.

En 2020, l'ISR en France est très largement porté par le label ISR[48]. Le projet de décret de création du label en 2014 suscita des craintes quant à sa gouvernance. Une trop grande représentation des sociétés de gestion dans le comité de pilotage du label pouvait faire apparaître celles-ci comme juges et parties, avec une présence insuffisante des ONG et des organisations syndicales. Depuis 2020, le comité de pilotage du label compte à parité des personnalités issues des sociétés de gestion et des personnalités qualifiées issues des organisations syndicales ou du monde académique. La présidence est assurée par une ex-syndicaliste. Le fait notoire est l'absence de personnes issues des ONG tel que Finance watch, la FNH[49], Amnesty International. On peut déplorer aussi l'absence de représentants des grandes confessions qui auraient pourtant un message éthique à transmettre dans le milieu de la gestion d'actifs ISR. Il est donc difficile de conclure que le comité de

[48] Le label ISR au 31.01.2020 représente 150 milliards d'actifs gérés, 69 sociétés de gestion et 395 fonds labellisés.

[49] Fondation Nicolas Hulot pour la nature et l'homme.

pilotage du label représente vraiment la sensibilité de la société sur les questions ISR. Il s'agit d'un premier écueil notoire.

Le décret publié le 10 janvier 2016 précise qu'à l'issue d'un audit les fonds devront répondre à l'une ou l'autre de ces exigences :

- Soit exclure de leur univers d'investissement initial 20 % de titres sur la base de ces fameux critères ESG.
- Soit construire un portefeuille dont la note moyenne en terme d'ESG sera significativement supérieure à celle de l'indice boursier de référence qu'ils utilisent pour comparer leurs performances financières.

Un fonds labellisé doit respecter une série de six critères[50] selon le cahier des charges du label. Mais le décret n'impose pas de méthode particulière d'évaluation ni de stratégie d'allocation des actifs. L'appréciation est laissée aux organismes certificateurs. Il est donc très difficile pour un épargnant de s'approprier la notion d'ISR lorsqu'un label repose sur une telle laxité méthodologique. Les soupçons de *greenwashing* peuvent donc être nourris à tort ou à raison par les épargnants.

Il est donc évident qu'en dépit du mérite qu'il a d'exister et d'être promu, le label ISR souffre des maux de représentativité sociale et de clarté pour les épargnants. D'évidence, il n'offre pas à ceux-ci les moyens de relier leur épargne, les choix financiers, la vie des entreprises et les impacts sur la société qui répondraient à leurs attentes de préservation de l'environnement, de bonne gestion sociale et de

[50] Les critères sont : objectifs généraux recherchés dans le fonds, méthodologie d'analyse ESG employée par le fonds, prise en compte des critères ESG dans la construction du portefeuille (exclusion ou note moyenne ESG), politique d'engagement, transparence du fonds, mesure d'impacts ESG sur la politique de développement durable des entreprises.

croissance responsable. Le label reste « un machin » au sens gaullien de l'expression : expression technocratique superposée sur la société et sur les entreprises telles qu'elles sont vécues, dans leur concrétude, par les salariés, les fournisseurs et les collectivités locales qui leur fournissent les infrastructures de développement.

Intégrer l'économique dans le juridique

Un détour par l'histoire pourrait nous éclairer. Dans les années 1930, des juristes et économistes de l'université de Fribourg-en-Brisgau[51] se sont posés la question du développement de l'économie de marché dans l'ordre juridique étatique face aux questions de régulation de la concurrence. Cette question était suscitée par la différence de droit de la concurrence entre les USA et l'Allemagne. A cette époque, aux USA, le Shermann Act interdisait les cartels tandis qu'en Allemagne l'arrêt du tribunal impérial du 4 février 1897 autorisait un cartel saxon dans le papier.

Pour Walter Eucken, la notion de capitalisme n'est pas opératoire au plan économique pour décrire les structures des ordres économiques aussi différents que sont les cartels, les oligopoles, les monopoles ou la théorique concurrence pure et parfaite. Nous pouvons aujourd'hui y ajouter le capitalisme familial, le capitalisme financier et le capitalisme d'état (Chine). Il en découle selon lui que la diversité des structures rend difficile une politique économique de coordination dans une économie de marché.

Pour Franz Bohm, la notion de concurrence est centrale car elle est au fondement de la liberté des personnes privées. L'état de libre concurrence équivaut à l'absence de puissance privée. Son argument juridique est le suivant : « Tout le droit privé ne distribue ses libertés innombrables qu'à condition que

---

[51] Walter Eucken (1891-1950), économiste, Franz Bohm (1895-1977), juriste, Hans Grossmann-Doerth (1894-1944), juriste.

les personnes privées n'aient pas de puissance en général, que la liberté de l'un soit limitée par celle de l'autre ; chaque personne privée doit être limitée dans sa liberté d'agir par la liberté équivalente des autres personnes[52] ».

L'école de Fribourg-en-Brisgau développe une nouvelle approche interdisciplinaire, économique et juridique, à laquelle les considérations philosophiques et théologiques ne seront pas étrangères. Cette méthode préconise de « ne pas aborder individuellement les questions économiques, mais les considérer comme des manifestations partielles d'un ensemble plus large[53]. » Selon Eucken, cette méthode passe par une compréhension théorique car la théorie permet de résoudre le problème de la diversité des points de vue et du réel. Il est donc aisé de comprendre que la fonction cognitive de la théorie est de faire émerger un corpus intellectuel fédérateur. C'est ici qu'intervient la distinction de Bohm entre les niveaux constitutionnels et sous constitutionnels de l'économie. Le premier niveau est relatif aux décisions politiques qui créent le cadre juridique et institutionnel qui régit le fonctionnement du marché. Le second niveau correspond aux choix individuels qui sont inhérents au fonctionnement du marché, par exemple au niveau sous constitutionnel, l'édiction de règles de concurrence qui sont précisément définies et intangibles. Mais, selon Bohm, ces règles n'ont pas vocation à prescrire directement le résultat du processus concurrentiel car la préservation des libertés économiques de chacun est prioritaire[54].

Il apparaît clairement que la philosophie ordolibérale ne voit pas dans le marché une loi naturelle, immanente et indépendante de la volonté humaine. Il n'y a pas de droit auto-créé par l'économie. Si chaque entreprise doit pouvoir déterminer de façon autonome la politique qu'elle entend suivre

---

[52] Franz Bohm, in Travaux parlementaires sur la loi de 1957-GWB, Deutscher Bundestag, 1957, p. 42.

[53] Citation reprise dans L'ordolibéralisme, aux origines de l'école de Fribourg-en-Brisgau, sous la direction de Hugues Rabault, l'Harmattan, Paris, 2016, p. 146.

[54] L'ordolibéralisme, aux origines de l'école de Fribourg-en-Brisgau, p. 43.

sur le marché, il existe une priorité normative, donnée par la loi, par rapport aux choix que les entreprises peuvent être amenées à effectuer. Le problème n'est ni dans le marché, ni dans les interventions, mais dans le cadre, dans le choix de la forme économique. Nous pouvons citer une image chère à Bohm : « Il s'agit du choix de la règle et non des prochains coups à jouer[55]».

Ce détour par l'histoire économique pourrait nous donner à penser et poser à nouveau la question de l'ISR et de la clarification de la question du label pour les épargnants. Si nous reprenons la distinction de Bohm entre les niveaux constitutionnels et sous constitutionnels de l'économie et que nous transposons cette distinction à la gestion d'actifs ISR, que constatons nous ? Premièrement, que le niveau constitutionnel reste inchangé. C'est le cadre de l'économie de marché, par opposition à l'économie planifiée. Deuxièmement, que le niveau sous constitutionnel est celui de la règlementation qui organise la vie des entreprises, avec par exemple la lutte contre les positions dominantes[56]. Le pivot de ce niveau sous constitutionnel est représenté en France par l'article 1832[57] et suivants du Code civil, qui définissent les conditions de la création des personnes morales privées que sont les sociétés industrielles et commerciales. L'article 1833 précise : « Toute société doit avoir un objet licite et être constituée dans l'intérêt commun des associés. La société est gérée dans son intérêt

---

[55] L'ordolibéralisme, aux origines de l'école de Fribourg-en-Brisgau, p. 112

[56] La Commission européenne, qui doit se prononcer au plus tard le 18 février 2019, estime qu'on ne peut pas faire émerger de nouveaux champions européens en s'asseyant sur le droit de la concurrence. *Moins de concurrence signifierait que les Européens paieraient plus, pour moins de choix et moins de produits innovants* soulignait Mme Vestager dans un discours prononcé le 9 janvier à Berlin. Cinq autorités nationales de la concurrence (Allemagne, Grande-Bretagne, Espagne, Pays-Bas, Belgique) sont sur la même longueur d'onde, craignant que le nouvel ensemble n'abuse de sa position dominante. *Le Monde* du 19/01/2019.

[57] Art 1832 du Code civil : La société est instituée par deux ou plusieurs personnes qui conviennent par un contrat d'affecter à une entreprise commune des biens ou leur industrie en vue de partager le bénéfice ou de profiter de l'économie qui pourra en résulter.

social, en prenant en considération les enjeux sociaux et environnementaux de son activité. » Troisièmement, parmi ces règles du niveau sous constitutionnel figure le Code monétaire et financier. Comme nous l'avons noté plus haut, l'article L.214-3 ne retient pas, contrairement à l'article 1833 du Code civil l'intérêt, la notion d'intérêt social dans son objet. C'est le décret du 10 janvier 2016 qui, en instaurant un label ISR, traite cette question, avec les limites mentionnées ci-dessus.

Lorsque les ordolibéraux traitaient de la concurrence, la question était pour eux d'intégrer l'ordre de la concurrence dans la constitution juridique[58]. Il pourrait donc exister une continuité juridique entre le code civil qui fixe le cadre général de l'exercice des personnes morales et le code monétaire et financier intégrant la prise en compte de la notion d'intérêt social. Cette disposition ferait monter en légitimité la question de l'ISR dans le droit et par extension dans l'opinion publique. La question de la composition du comité du label et des choix méthodologiques seraient déterminés après un débat parlementaire et non par un décret. Nous voyons immédiatement l'avantage d'appropriation de l'ISR par l'espace démocratique.

Des questions non traitées par une séparation dans les esprits entre ordre économique et ordre politique pourraient apparaître. Ainsi une typologie des entreprises en fonction des principes retenus dans leur objet social et du lien qu'il pourrait en résulter avec une détermination plus précise de l'investissement ISR serait certainement de nature à clarifier l'ISR aux yeux des épargnants, des professionnels de la gestion et du grand public.

Les professionnels de l'investissement sont engagés dans des débats méthodologiques complexes sur l'ISR. Il est à désespérer que ceux-ci puissent intéresser le grand public des épargnants. Mais une montée en légitimité de l'ISR dans le cadre démocratique nous montrerait qu'un choix est possible

[58] L'ordolibéralisme, aux origines de l'école de Fribourg-en-Brisgau, p. 85.

pour répondre aux aspirations de transformation sociétale concrète.

L'ISR en assurance-vie : l'écueil de la distribution

L'assurance-vie, avec un encours d'épargne de 1 700 milliards d'euros, constitue le premier placement des Français. A ce titre, son évolution vers des encours plus largement composés d'OPCVM actions ISR est un élément déterminant dans la transformation de l'économie vers plus de responsabilité sociale et environnementale. La loi PACTE (Plan d'Action pour la Croissance et la Transformation des Entreprises), adoptée le 11 avril 2019, contient 243 articles et notamment l'article 21 qui introduit quelques nouveautés en assurance-vie. Un des objectifs affichés de la loi est de rendre les entreprises plus compétitives en rendant plus attractive une épargne mieux fléchée vers les entreprises. Ainsi, à compter du 1er janvier 2020, les contrats d'assurance-vie devront obligatoirement proposer un support d'épargne vert ou solidaire et, à compter du 1er janvier 2022, ils devront proposer les deux.

Il s'agit d'une évolution majeure largement à l'initiative du Forum pour l'Investissement Responsable (FIR). Toutefois, il ne faut pas méconnaître les limites de cette évolution. L'épargne est un produit abstrait qui n'est ni ostentatoire ni ludique et qui ne peut exister en dehors de la réglementation. Ce n'est donc pas la demande des consommateurs qui conduit le marché mais la réglementation qui conduit l'offre de l'industrie financière. Celle-ci est donc par nature peu différenciée et les fonds labellisés ISR auront donc des caractéristiques semblables.

Quelle dynamique de diffusion dans le public pour l'ISR ?

La question qui se pose est la suivante : si l'innovation ne peut pas porter le développement de l'ISR, sur quelle dynamique celui-ci peut-il s'appuyer pour se développer ?

Plusieurs arguments peuvent être retenus : la qualité de gestion, la notoriété de la société de gestion, la puissance de la distribution.

- Même si la qualité de gestion est un argument majeur pour la souscription d'un fonds, l'appréciation de la qualité de la gestion d'un fonds pour le grand public est une boîte noire. La difficulté à évaluer des performances entre un fonds de conviction et un fonds qui se réfère à un benchmark, la composition du fonds (parts des actions et des obligations), l'univers d'investissement, la volatilité, rendent la compréhension de la qualité de gestion d'un fonds inaccessible au grand public.
- La notoriété de la société de gestion est aussi un argument. Un fonds portant la marque d'une grande banque supplantera toujours dans le public un fonds très bien géré porté par une boutique de gestion. L'accès au *mass-market* reste une affaire de visibilité. C'est la capacité de la société de gestion à franchir les barrières d'entrée sur le marché (investissements publicitaires, animation commerciale) qui est la clef de son accession aux réseaux des grands distributeurs que sont les banques, compagnies d'assurances et les CGPI[59]. Il y a donc, nonobstant les qualités intrinsèques des fonds, une forte discrimination fondée sur la puissance financière de la société de gestion.
- Partons d'un constat : selon une étude menée par *CPR AM* auprès d'un échantillon représentatif d'épargnants français et de conseillers financiers[60], sur les 55 % d'épargnants qui s'appuient sur un conseiller, 12 % seulement se sont vus proposer un produit d'épargne responsable note *CPR AM*, tandis que 41 % de ces mêmes conseillers avouent n'en proposer qu'aux clients qui les sollicitent à ce sujet. Au final, seulement 21 % des personnes interrogées déclarent disposer de fonds ISR dans leur portefeuille. Par ailleurs, Agefi Actifs fait

[59] Conseil en Gestion de Patrimoine Indépendant.
[60] *Agefi Actifs* n°748 du 17 au 30 mai 2019.

référence au Forum de la gestion privée d'avril 2019 dans lequel plusieurs professionnels ont noté le peu d'intérêt que les associations de conseillers portent à ce type d'investissement.

Paradoxalement, selon l'étude de *CPR AM* 56 % des épargnants ont indiqué que la protection de l'environnement est un des thèmes prioritaires. Mais les grands sujets sociétaux comme la santé, le réchauffement climatique, le respect des droits de l'homme, le bien-être au travail, la lutte contre la pauvreté seraient des déclencheurs dans les décisions de placement du grand public. Il y a donc une inadéquation relative entre les motivations affichées des épargnants et les propositions des réseaux de distribution.

Entre la qualité de gestion, la notoriété de la société de gestion et la puissance de la distribution, le verrou au développement réside dans la non-appropriation par les réseaux de distribution de l'offre ISR. Autrement dit, c'est la capacité d'un réseau de distribution à orienter la vente sur un fonds qui assure le succès du fonds. Le *business model*, une banque ou une compagnie d'assurance, est la matrice qui façonne la réussite de tel ou tel fonds. Or les réseaux de distribution ont constamment à faire l'arbitrage entre, d'une part, la vente de fonds structurés dont la promesse de rentabilité est clairement exprimée pour l'épargnant ou de conventions de gestion très lisibles et compréhensibles (convention prudence, tempérée, dynamique…) et, d'autre part, des fonds ISR qui ne portent pas une promesse aussi explicite de plus-values pour l'épargnant et sont souvent moins lisibles dans leur positionnement. De surcroît, il s'opère une concurrence de profitabilité entre les fonds structurés très rémunérateurs pour le distributeur ou les conventions de gestion savamment construites pour optimiser la rentabilité du même distributeur et la vente de fonds ISR dont les marges sont plus modérées. L'ISR se trouve donc en concurrence avec d'autres offres dans les réseaux de distribution comme le café label équitable avec les grandes marques dans les rayons des hypermarchés. Alors, la priorité des réseaux de distribution risque fort d'être donnée aux fonds structurés ou à des conventions de gestion non ISR plus ou moins rentables pour l'épargnant mais faciles à vendre et très rémunératrices pour les banques et compagnies d'assurances. Il apparaît aussi que ces établissements privilégient les fonds avec de très gros encours d'épargne (supérieurs à 500 millions d'euros) pour mieux amortir les frais de gestion et de commercialisation. L'apparition de nouveaux fonds est, de fait, largement étouffée par le *business model* des distributeurs. L'inclusion obligatoire de l'ISR dans l'assurance-vie est une avancée, mais il ne faut pas en méconnaître les limites.

Dans ce contexte, peut-il exister une forme de distribution qui soit stratégiquement centrée sur l'ISR ? Vraisemblablement, un distributeur dont l'objet social n'est pas le profit (association d'épargnants indépendante des assureurs ou mutuelles) est certainement moins contraint par des choix de distribution fondés sur la rémunération du distributeur et plus libres de promouvoir l'ISR. Néanmoins tous les distributeurs vivent dans un cadre concurrentiel et chacun doit trouver sa place pour exister sur l'énorme marché de l'assurance-vie qui est structurant pour le fléchage de l'investissement vers l'activité économique et l'épargne des Français.

Remarquons que chaque distributeur affiche sa singularité : la proximité pour les mutuelles professionnelles, le conseil personnalisé pour certains, la performance régulière délivrée à l'épargnant pour d'autres, la solidité financière pour les réseaux bancaires... L'affirmation de *sa raison d'être* est aussi une manière d'afficher sa singularité. Mais la raison d'être ne dépasse le stade de l'affichage que si elle entraîne une restructuration en profondeur des *process* de l'entreprise et des arbitrages internes qui sont faits pour rester en cohérence avec la raison d'être sans céder aux exigences du court terme, c'est-à-dire la rentabilité d'une distribution ou une productivité dommageable pour les hommes et l'environnement. Il n'y a donc pas de chemin évident qui s'imposerait à tous pour que la distribution s'oriente massivement vers une offre ISR de préférence à toute autre offre.

Néanmoins des techniques spécifiques d'offres peuvent, dans le cadre de *business model capitalistes*, contourner cette contrainte. Des conventions de gestion ISR (ou des mandats de gestion extérieurs à la banque ou à la compagnie d'assurance distributrice) sous-traitées à des sociétés spécialisées en gestion ISR qui seraient accompagnés d'un marketing adapté pourraient aussi répondre de façon claire et explicite à des demandes d'épargnants informés et convaincus. Cependant, la condition serait que les réseaux de distribution soient eux aussi formés et motivés. Cette évolution d'une offre *ISR packagée* est indispensable pour promouvoir le développement de l'ISR et le rendre plus visible dans un contrat d'assurance-vie. Mais encore faut-il que la politique du distributeur mette suffisamment en avant l'offre ISR par la communication et l'intéressement des conseillers. Il s'agit là d'une question de choix stratégique de distribution. Lorsqu'une société de gestion déclare transformer la totalité de sa gestion en ISR, cette décision s'applique aux produits de la société de gestion. Mais la distribution des fonds est généralement le fait de sociétés du même groupe ou d'acteurs de la place qui sont autonomes dans leurs choix et qui proposent une architecture ouverte[61]. Cependant il est évident que lorsque l'intérêt du distributeur pèse du côté de la commercialisation d'autres fonds plus rentables, l'offre packagée ne sera pas prioritaire. Sur un marché à l'offre composite, ISR et non ISR, l'ISR continuera de se heurter aux murs de la distribution car la cohérence d'une distribution est de se structurer pour occuper un marché. La concurrence restera vive entre les promesses de rentabilité élevée et l'ISR.

[61] Architecture ouverte : il s'agit d'un contrat d'assurance-vie qui propose, en plus des fonds de la société qui le distribue, des fonds d'autres fonds de sociétés de gestion de la place, cela afin d'offrir aux épargnants un choix plus large.

Conclusion : L'implication de l'épargnant, gageure ou voie à explorer ?

La logique de la distribution est de privilégier les produits à forte vente et les produits à forte marge. Le consommateur et l'épargnant sont relégués dans une certaine passivité qui ne les gêne pas toujours car elle est synonyme de facilité. Mais il y a deux manières d'amener un consommateur ou un épargnant à prendre une décision d'achat : la première est de le conduire progressivement dans un couloir vers l'offre à laquelle on souhaite le faire adhérer (la tête de gondole ou la proposition d'épargne sans alternative) et la seconde de lui permettre de s'impliquer dans son achat (les options de la voiture, les fruits bio ou non bio). Offrir au consommateur la possibilité de s'impliquer dans son achat est un des axes fondamentaux de la distribution contemporaine. Pourtant le marché de l'épargne ne le pratique pas, pour plusieurs raisons : la nouveauté, le marché des OPCVM est relativement récent (moins de 25 ans), la méfiance des Français à l'égard de la bourse, le caractère complexe et abstrait des produits, la prédominance de la culture financière, juridique et informatique dans les banques et compagnies d'assurances sur la culture marketing. L'implication du consommateur est une manière de lui permettre d'affirmer son identité (j'ai choisi des options qui me ressemblent), mais aussi d'affirmer des valeurs, des choix de société (le bio, l'économie circulaire, le commerce équitable). Offrir de l'ISR aux épargnants sans leur proposer un chemin clair d'implication, c'est rester au milieu du gué, notamment pour des associations d'épargnants. Rappelons que la raison d'être de celles-ci est de permettre aux épargnants de se regrouper et de décider ensemble du choix d'un produit d'assurance adapté aux besoins des adhérents.

Il y a une spécificité de l'épargne : un produit d'épargne n'est pas un produit qui disparaît lors de sa consommation. C'est le contraire. C'est la signature d'un contrat d'assurance-vie qui fait émerger le concept d'une épargne long terme dans le patrimoine de l'épargnant et le fait existir juridiquement. Cette épargne entraîne naturellement des conséquences sur l'investissement dans la société. A travers les choix d'épargne s'opèrent des choix de société : exclure le tabac ou l'industrie carbonée, privilégier l'environnement ou l'homme au travail… L'implication ici n'est pas d'affirmer son identité mais ses valeurs. Le fait est que nos valeurs ne sont pas identiques, mais souvent personnelles. Nous vivons dans une société pluraliste où la définition du bien commun tient plus de l'affirmation conceptuelle que d'une réalité vécue. Permettre aux épargnants de s'impliquer en affirmant leurs valeurs dans un choix de fonds ISR qui structurent la société relève d'une démarche individuelle (chaque épargnant affirme ses valeurs personnelles). Par définition, l'épargne est une projection vers le futur du particulier et de la société.

Mais si le choix de consommer bio amène par répercussion une transformation de l'agriculture, le choix d'un fonds ISR est beaucoup plus vague, plus diffus, moins précisément défini dans sa cible de transformation sociétale. Le fonds labellisé ISR est-il un fonds *bonne gestion sociale, environnement, croissance économique avec RSE*[62], un fonds sectoriel (gestion des déchets, gestion de l'eau, …) ? L'implication de l'épargnant ne peut se faire qu'avec des objectifs précis, donc des choix clairement identifiés. Il apparaît qu'il y a un lien dans l'esprit de chacun entre le choix d'investissement sociétal précis qu'il fait et la dimension collective de la vie en société. Au moment du choix d'investissement sociétal, l'individu s'extirpe du solipsisme de la modernité et se met au moins symboliquement en lien avec les autres. Un lien de pensée s'établit à ce moment précis avec le corps social (un corps social ressemblant à celui de son choix personnel se dessine dans l'imaginaire de l'épargnant) et s'énonce plus ou moins consciemment et concurremment aux liens que d'autres font au même instant. Finalement, chacun, sujet à une éducation démocratique comportant certaines

[62] RSE (Responsabilité sociale et environnementale), ce sont des entreprises qui cherchent à concilier leur développement économique avec leur responsabilité sociale et environnementale.

valeurs éthiques, en a l'intuition. L'implication de l'épargnant a donc deux facettes : l'affirmation d'un choix individuel et l'exhumation d'un lien collectif enfoui dans la complexité économique. La conciliation des deux facettes réside dans un *process* bien connu dans les sociétés démocratiques : le vote *Un homme, une voix* qui permet d'affirmer sa préférence personnelle et de la coordonner avec la préférence collective. Ce vote en matière d'épargne n'est évidemment pas une nouveauté. C'est bien ainsi qu'agissent les adhérents des associations d'épargnants ou de mutuelles professionnelles. Mais leurs choix s'arrêtent aux décisions ou résolutions de la vie de l'organisation. Ils n'affectent pas le processus interne aux OPCVM ou aux mandats de gestion. Ce domaine reste un domaine réservé du gérant de l'OPCVM pour des raisons légales[63] ou de choix de profitabilité de l'association d'épargnants ou de la mutuelle pour les mandats de gestion, choix qui échappent aux adhérents. Dans ce dernier cas, il s'agit de la gouvernance de l'organisation et donc de positions de pouvoirs de la techno-structure sur l'association ou la mutuelle. Dans la pratique, ces choix démocratiques sont aussi limités par les accords régissant les liens entre l'association (ou la mutuelle) avec les assureurs qui viennent en garantie des contrats d'assurance-vie.

Le chemin de l'implication de l'épargnant par le vote *Un homme, une voix* sur l'affectation de son épargne apparaît donc délicat. Il faut un alignement des choix d'une société de gestion et d'une association d'épargnants ou mutuelle pour porter au-devant du grand public cette possibilité d'implication. Mais il apparaît qu'il y a là un marché à structurer en profondeur avec des OPCVM ISR gérés dans l'intérêt de l'épargnant et une offre d'assurance-vie lisible accompagnée d'un mécanisme de vote fluide, permettant au gérant de prendre en compte le choix des épargnants tout en conservant son indépendance et d'une information précise et régulière des épargnants sur le résultat du vote, les choix du gérant et la

[63] L'article L.214-3 du Code monétaire et financier précise que le gérant doit agir de façon indépendante.

rentabilité du fonds. Au-delà de la société de gestion, la recherche d'une cohérence stratégique avec son objet social pour une association d'épargnants ou mutuelle est déterminante pour crédibiliser une offre ISR auprès du grand public demandeur d'une évolution des pratiques financières. Faut-il pour autant considérer que des distributeurs, banques ou compagnies d'assurances seraient incapables de proposer une démarche d'implication ? Certainement pas. Leurs regards sur l'évolution du marché feront s'adapter leurs pratiques dans une mutation de la distribution pour se rapprocher des choix des épargnants. Pour l'instant, cette approche d'implication trop novatrice semble encore éloignée de leur *business model*.

Nous sommes là devant une dimension inexplorée de la distribution de l'épargne, une *terra incognita* qui pourrait ouvrir un chemin vers la distribution de l'ISR. Encore faut-il que cette dimension inexplorée ne soit pas inconséquente quant aux fondamentaux de la loi de la maison (*oikos nomos*) qui crée de la richesse et ne risque pas d'aboutir à une paupérisation des épargnants.

TROISIEME PARTIE

Les enjeux de la rencontre entre l'épargnant et l'investisseur

L'objectif de l'épargne, c'est de préserver les épargnants de la paupérisation. En d'autres termes, il s'agit de permettre de capter de la valeur générée par la contrepartie de l'épargne qui est l'investissement productif. La valeur est finalement la seule question qui préoccupe l'épargnant. La valeur est aussi la question première, la matrice, autour de laquelle toute l'activité économique s'organise. C'est la question de la valeur qui unit l'épargnant et l'investisseur. De la réponse apportée à cette question, serait-il possible de penser qu'un ordre du monde puisse en résulter avec ses conséquences sur *l'environnement, la bonne gestion sociale et une croissance économique maitrisée* ? Pourtant, il serait naïf d'aller directement à cette question. Poser la question de la valeur en économie implique de clarifier les rapports entre la valeur, la monnaie et le marché. Si la question de la valeur est la mère de toutes les questions et si, pour un épargnant ou un gérant de fonds, l'objectif est de capter de la valeur, poser la question *qu'est-ce que la valeur* ? amène des réponses diverses.

Pour l'épargnant il est clair qu'il cherche à capter de la monnaie supplémentaire, c'est-à-dire de la liquidité. Pour un gérant, le terme *valeur* prend deux acceptions. D'une part, il signifie le titre ou l'action, d'autre part un concept de richesse assez élastique. Ainsi, Didier Saint Georges[64] rappelle qu'il faut être lucide sur la notion de valeur tant évoquée. Qu'est-ce que la valeur d'une entreprise que les gérants cherchent à cerner ? La valeur d'une entreprise n'est pas la même pour un investisseur minoritaire que pour un acquéreur stratégique, pas la même pour moi, si elle aide à la diversification de mon portefeuille ou qu'elle en augmente le risque. Pour certains la valeur c'est le prix qu'attribue le marché, pour d'autres la valeur d'une action sera la somme actualisée des flux futurs. Dans l'inconscient général, la valeur semble perçue comme une chose en soi, réalité absolue située au-delà des apparences, que les différentes méthodes d'évaluation ont pour objectif d'appréhender[65]. Donc la question reste entière : qu'est-ce que la valeur ?

La monnaie fait peu partie du lexique des épargnants et des gérants. Pour les épargnants, trivialement, ce sont les pièces que l'on a en poche et quand l'inflation s'emballe, la conscience que la monnaie perd son pouvoir d'achat. Pour les gérants, le terme est généralement remplacé par devises ou liquidités. La monnaie recouvre tout autant le pouvoir d'achat, les devises ou la liquidité. A quelle réalité avons affaire ?

Le marché, main invisible de la figure théologique contemporaine, se manifeste à nous par les prix. Que nous disent les prix de l'efficience des marchés ? Les prix d'un même titre varient-ils de la même façon sur des marchés différents ? Il y a des disparités de marchés qui génèrent des positions spéculatives. Il y a des gérants qui se défient de l'efficience des marchés pour tenter de les battre en raison de l'incomplétude de l'information contenue dans les prix. Les prix nous donnent-ils une bonne indication de la rareté ? C'est loin d'être certain. Les produits dérivés peuvent enfumer le signal prix, nous dit Nicolas Bouleau[66]. Peut-on compter sur les

---

[64] Didier Saint Georges, *Peut-on battre le marché* ? Eyrolles, Paris 2007, p. 84.

[65] *Peut-on battre le marché* ? p. 75.

[66] Nicolas Bouleau, *Le mensonge de la finance*, Editions de l'atelier, Ivry-sur-Seine, 2018.

prix pour nous donner une information pertinente sur les perspectives économiques, sociales et environnementales ?

La valeur

André Orléan[67] nous rappelle que toutes les théories de la valeur ont le même objectif : non pas penser le prix, mais penser ce qui est derrière le prix. Ainsi le prix, pour un même bien, peut varier d'un marché à l'autre. Il n'y a donc pas d'universalité d'un prix. Le prix est un instrument de mesure. Or, un instrument de mesure ne nous dit rien sur la nature de l'objet mesuré. Une mesure élevée nous informe simplement qu'une demande importante du bien mesuré existe. A l'inverse, une mesure faible nous informe qu'un faible consensus désigne ce bien comme désirable. Le prix est donc l'unité de compte qui mesure la force de la demande sur un marché[68].

Un espace mental de mise en équivalence partagée

Ce qui est derrière le prix est un consensus qui désigne une appétence sociale ou un désir de s'approprier un bien[69]. Un bien est désigné socialement comme désirable quand la possession de celui-ci est possiblement échangeable contre d'autres biens. Il faut ici distinguer, dans la relation au bien, la dimension individuelle et la dimension collective. La dimension individuelle, c'est la condition de la sécurité matérielle que j'éprouve dans la détention d'un bien (un logement, une voiture, des actions). Il y a aussi le désir d'accéder à une position symbolique. La capacité d'échanger possiblement le bien que je

---

[67] André Orléan, *L'empire de la valeur*, Le Seuil, Paris, 2011, p. 69.

[68] La force de la demande est plus grande pour un lingot de 1 kg d'or que pour 1 kg de plastique. L'unité de compte de la demande pour 1 kg d'or sera de 34 000 euros et l'unité de compte de 1kg de plastique sera de 2 euros.

[69] Bien entendu, cette remarque ne vaut que pour un prix de marché. Lorsqu'il s'agit d'un prix administré, le prix du carbone par exemple, cette remarque n'est plus opérante.

détiens contre une grande variété d'autres biens m'institue comme maître d'une grande variété de biens. Je me suis approprié une puissance symbolique, une centralité dans l'espace social. Mais au-delà du sentiment de sécurité que m'octroie la détention d'un bien porteur du désir d'appropriation mimétique de mes contemporains et du sentiment de puissance qui peut en résulter, il s'organise autour de ce bien une dimension collective. Ainsi, si je détiens une œuvre de Jeff Koons, je pourrai possiblement l'échanger contre un appartement de standing ou une voiture de luxe. A l'inverse, la vente de mon appartement ou de ma voiture me permettra d'acquérir une œuvre de Jeff Koons pour satisfaire ma passion de collectionneur. Nous les considérerons de même valeur car ils contiennent une quantité égale de désir de sécurité et de puissance symbolique. Il y a donc, au-dessus de l'œuvre de Jeff Koons, de l'appartement, de la voiture ou de ma bonne santé, une dimension collective qui réside dans un espace mental de mise en équivalence des biens dans lequel circule la valeur, cet agrégat des désirs. Cet espace mental de mise en équivalence des biens est partagé par tous. Il a la caractéristique de reposer sur notre désir de sécurité, de jouissance individuelle et d'appropriation mimétique. Il est important de noter que cet espace mental de mise en équivalence partagée des biens se cantonne à l'économie marchande. Autrement dit, certaines mises en valeur ne peuvent être mises en équivalence, ni être mesurées en unité de compte. Elles n'ont pas d'équivalence en prix. Mais elles peuvent être partagées. La plus grande valeur que recherche l'humanité est la réponse à un manque que l'on peut qualifier d'un mot attrape tout, *l'amour*. Le spectacle et la jouissance de la nature apparaissent souvent comme une demande universelle qui déborde l'économie marchande. La Bible, Kant ou Baudelaire sont aussi l'objet d'une demande de la vie de l'esprit qui leur confère une valeur inestimable non recouvrable par l'économie marchande. Mais lorsque cette demande se rabat sur des biens échangeables, elle entre dans le domaine de l'économie. Rappelons que l'étymologie du mot économie est *oikos nomos*, la loi de la maison. Investiguer ce qui compose et fabrique de la valeur, c'est bien investiguer la loi de l'espace de mise en équivalence partagée qui est une partie de notre maison mentale commune.

L'insertion de la valeur dans le corps social

La question à traiter pour comprendre la valeur en économie est la suivante : *qu'est-ce qui fait que les biens s'échangent* ? [70] La réponse de l'économie depuis Walras, nous dit Aglietta, est que les biens ont une nature commune, une substance préalable à tout échange qui permet de définir des équivalences dans l'échange. Cette substance est appelée *utilité rare* par Walras. Les choses matérielles ou immatérielles sont utiles aux individus et ne sont disponibles qu'en quantités limitées. Cela suffit à définir la richesse sociale. Une fois définie la valeur, Walras démontre que les rapports de valeur dans l'échange sont égaux aux rapports de rareté. Aglietta marque son étonnement devant cette définition restrictive de la valeur chez Walras car, note-t-il, celui-ci était tout à fait conscient de l'importance en économie des rapports sociaux et attentif aux actions nécessaires pour les améliorer. Cette définition de la valeur comme substance objective, hors tout cadre institutionnel, est une démarche délibérée pour autonomiser l'économie dite pure des liens sociaux et permettre de penser l'économie comme une science physique, précise Aglietta. Il nous dit aussi que cette distinction aura des conséquences énormes. Cette hypothèse de la valeur substance est une abstraction conceptuelle qui heurte nos expériences quotidiennes, dans laquelle nous éprouvons que nos désirs sont modelés par les rapports à autrui.

Trois exemples nous montrent que la séparation de l'économie du corps social, pour ne penser que la valeur dans une logique d'échanges fondée dans les rapports de rareté ou d'abondance, est une conception intellectuelle qui manque son objet. Le point d'acmé de cette dérive de la conception de la valeur explique Aglietta, réside dans le travail. Citant Amartya

[70] Michel Aglietta, *La monnaie*, Odile Jacob, Paris, 2016, p. 29.

Sen, qui a montré que la possibilité de s'impliquer dans son travail, dans les sociétés de salariés, est le principal levier de développement des capacités des personnes. Ramené dans un cadre social, le travail apparaît essentiellement comme un lien social. Au contraire, dans la théorie de l'utilité, le travail est réduit à un coût pour les employeurs. Il est en quantité disponible plus ou moins grande sur le marché en fonction du chômage, et son prix varie selon l'offre de main-d'œuvre. Pour les salariés, ce ne serait qu'un échange de temps d'otium contre une contrainte rémunérée. L'optimisation des termes de l'échange pour les salariés consisterait à réduire cette contrainte au minimum contre une rémunération maximum. Nous voyons alors les conséquences du divorce des conceptions de la valeur. Dans une entreprise dont le management considère le travail comme un élément central de l'organisation collective et non comme un intrant plus ou moins disponible sur le marché, la coopération entre les personnes sera un objectif de management. A contrario, dans une entreprise où le travail est conçu comme un intrant, donc un coût, la pression sur la masse salariale sera déterminante et la coopération ne sera pas un objectif de management. Un autre exemple est celui de l'utilisation des équipements publics. Lors de son implantation dans un site, une entreprise vérifiera toujours sa connexion aux réseaux de transports routiers et de télécommunications. Dans la conception de la valeur utilité, la qualité du réseau public de transport (état des routes, déneigement, bouchons) et de télécommunications dont bénéficiera l'entreprise n'interviendra pas dans le calcul du coût de production. Ces services ne seraient pas quantifiés en fonction de leur quantité puisque les infrastructures sont mises à disposition gratuitement pour l'opérateur. Cela n'est vrai qu'en théorie. En pratique, le choix d'implantation se fera en intégrant ces externalités difficilement quantifiables dans un prix. Nous pouvons aussi citer le cas d'une entreprise qui fournit des emplois dans une région en souffrance économique. L'ensemble du tissu social mesure les emplois induits, les liens sociaux au travail et les retombées dans la vie associative. La valeur sociétale est ici un complexe entre l'économie (emplois induits), liens au travail et vie associative. Là encore, la définition de la valeur exprimée en termes d'échange conduit par la rareté d'un bien est trop restrictive pour produire une description sinon exhaustive, du moins satisfaisante de la valeur. Ces trois exemples nous montrent que la valeur déborde donc la question du marché et s'inscrit dans le corps social.

Aglietta introduit une ouverture dans cette analyse : la monnaie n'entre jamais dans le raisonnement. C'est la question de la valeur qui est en cause. Sa thèse est que la monnaie joue un rôle bien plus fondamental dans l'économie que la seule fonction de transaction. Comment la valeur se donne-t-elle à voir à travers la monnaie ?

La monnaie : le condensé de tous les biens selon Spinoza

Il nous importe maintenant de mieux saisir comment émerge la valeur dans cet espace mental partagé de mise en équivalence. Notre esprit transfère la valeur dans un substitut matériel qui l'agrège et la remplace : la monnaie. La monnaie devient donc le symbole[71] qui nous donne la capacité d'équivalence entre les biens, capacité d'équivalence qui est mesurée par les prix. La valeur émerge socialement par le symbole de la monnaie. Ce transfert repose sur la croyance que le symbole peut se charger de la valeur. Une croyance est fondée sur une confiance. Ainsi, je crois que mes collègues de travail sont autant engagés que moi dans le développement de l'entreprise parce que je leur fais confiance et que cette confiance est éprouvée régulièrement au vu des résultats. Il en est de même pour la monnaie. Nous croyons dans l'euro car nous faisons confiance à l'économie allemande qui accepte de nous livrer des Mercedes en contrepartie de l'euro. Tant que nous pouvons échanger des Mercedes contre des euros et du Bordeaux contre ces mêmes euros, nous partageons la même croyance sur la capacité du symbole à faire circuler la valeur.

---

[71] Etymologiquement, le symbole est ce qui vient à la place d'autres choses et les fait tenir ensemble.

La monnaie comme institution qui donne à voir la valeur

Cette compréhension de la monnaie comme symbole de la valeur est éloignée de celle de l'économie *classique* qui la considère comme un opérateur neutre à court et long terme. Si la monnaie est plus qu'un simple opérateur de marché et qu'elle est le révélateur de la valeur, elle touche alors au fondement même de l'économie puisqu'elle exhiberait ce que tout le monde recherche : la valeur. Elle précèderait le marché en lui donnant la possibilité d'exister de façon fluide, ce que le troc ne peut pas faire. La monnaie serait donc un lien social général qui permettrait à tout le monde de faire des équivalences entre les valeurs à échanger. La coordination économique ne se réalise pas sur le marché mais par le système des paiements[72], car tout échange implique paiement[73]. Il importe que ce référent ultime soit stable, reconnu, objet d'une confiance absolue au risque de faire se désagréger le corps social. Elle est donc extérieure aux relations de marché et doit donc tenir seule, en elle-même, comme grand témoin de la valeur qu'elle exhibe et véhicule. La valeur n'est pas consubstantielle à la monnaie, comme la présence réelle l'est dans l'eucharistie pour les catholiques. Elle n'a de valeur que reconnue par ceux qui lui attribuent une potentialité d'opérer des échanges de valeur équilibrée.

La définition que donne Aglietta est la suivante : La monnaie est l'institution qui via les paiements donne une valeur sociale à la production de marchandises[74]. A ce titre la monnaie est une base sociale fondamentale. L'effondrement de la monnaie conduit à l'effondrement de la société par la désorganisation des échanges et le déferlement du désir

---

[72] *La monnaie*, p. 44.

[73] La théorie classique enseigne que l'action individuelle doit rencontrer l'accord implicite de tous. Le secrétaire du marché (la main invisible) ne peut l'obtenir que moyennant l'hypothèse que les prix soient définis sans référence aux choix contrefactuels (c'est-à-dire extérieurs à la théorie de la concurrence pure et parfaite). (Cf. *La monnaie* p. 44). Nous observons là un bel échafaudage théorique qui est dressé contre le monde réel.

[74] *La monnaie* p. 46.

individuel de captation de la valeur pour acquérir de la sécurité. L'effondrement de la monnaie entraîne le déchaînement des désirs d'appropriation et la libération de la violence dans la société. Témoin du désir d'appropriation, et jugulatrice de la violence, la monnaie est le totem fondamental de la société. Elle doit donc être mise à part, soustraite aux rivalités de clans et rejoindre le sacré qui fonde la société. Cette conception de la monnaie au fondement de l'ordre social est celle qui prévaut dans la conception de l'indépendance des banques centrales et à l'ordo-libéralisme allemand.

A cet égard, la monnaie échappe à l'économie et touche à l'anthropologique. Elle n'est pas Dieu car elle n'est pas ontologiquement instituée : la valeur n'est pas consubstantielle à la monnaie. Pourtant, elle est de nature religieuse par les liens qu'elle tisse entre les hommes, par la limitation de la violence que les mécanismes de comptabilité imposent et la transcendance qu'elle exerce sur les échanges pour être ce refuge ultime du désir universel qu'est la valeur.

Si la monnaie est le symbole opérateur de la valeur, quel est son mode opératoire ? La réponse est sur les marchés : ce sont les prix.

La critique du prix

Dans l'ouvrage *Le négationnisme économique*[75], Cahuc et Zylberberg citent une étude comparative entre la bourse de Hong Kong et celles de Shanghai et Shenzen en Chine continentale. Il existe un contrôle rigoureux des capitaux entre la Chine continentale et Hong Kong, isolant celle de Hong Kong des deux autres bourses. Il faut aussi noter que la fiscalité entre les bourses de Chine continentale et celle de Hong Kong a évolué différemment. Les droits de timbres sont restés stables à Hong Kong et ont varié sept fois entre 1999 et 2009 en Chine

[75] Pierre Cahuc et André Zylberberg, *Le négationnisme économique*, Flammarion, Paris, 2016, p. 98 à 100.

continentale. La cotation de 53 sociétés chinoises a été suivie sur ces trois bourses. Le groupe test est constitué par les 53 sociétés cotées sur les bourses continentales et le groupe témoin les mêmes sociétés cotées à Hong Kong. En moyenne à Hong Kong, sur la période 1999-2009, une hausse des droits de timbres diminue plus la volatilité[76] des cours boursiers dans le groupe test que dans le groupe témoin. Cette observation confirme ce qui est attendu de la taxe Tobin. Mais ce résultat masque de nettes différences. Jusqu'en 2005, période où les investisseurs institutionnels étaient peu présents sur le marché, la volatilité baisse lorsque les droits de timbres s'accroissent. Mais la volatilité s'accroît à partir de 2006, période où les investisseurs institutionnels prennent une place prépondérante. Ce résultat va à l'encontre de l'effet attendu d'une taxe Tobin qui est la diminution de la volatilité des transactions pour améliorer l'efficacité du marché. L'explication est la suivante : tant que les professionnels informés sont peu nombreux, la mesure de la volatilité montre que les variations du prix des titres sur le groupe test diminuent par rapport à celles du groupe témoin. En revanche, dans la phase de maturité du marché, où les professionnels sont plus nombreux, la taxation réduit la part des échanges des professionnels informés tandis que celle des intervenants opportunistes reste identique. La mesure de la variation des titres indique un accroissement de la volatilité.

Cet exemple nous montre que les variations de prix, censées contenir toute l'information du marché, sont constituées de soubassements exogènes quant à l'information du marché. Ces soubassements exogènes peuvent diminuer l'efficacité du marché et être dommageables à l'économie.

[76] La volatilité est la mesure des variations de prix d'un titre. C'est une mesure du risque encouru par l'investisseur.

Un prix est une somme de deux termes : la martingale et la tendance

Nicolas Bouleau[77] rappelle que Kenneth Arrow et Gérard Debreu, en 1952, montrèrent que l'équilibre d'un marché, c'est-à-dire son efficacité, peut se généraliser au cas où le futur est incertain, lorsqu'il y a une divergence entre l'offre et la demande. Il s'agit d'une révolution conceptuelle qui va transformer la finance, généraliser le marché au détriment de la planification étatique, retentir sur l'économie et donc sur la société. Pour ce faire, les deux chercheurs introduisent la notion de biens contingents, c'est-à-dire de biens dont les prix dépendent du hasard ou du futur, ce qui revient au même. Les évolutions de prix des biens contingents sont modélisées par une approche statistique et probabiliste. Arrow suggère la mise en place de marchés financiers pourvus de produits à terme, construits sur cette approche. En 1972, ce fut la création des options sur devises sur le marché de Chicago, en 1973 celui des options sur taux d'intérêts et de 1978 à 1990, les marchés à terme s'ouvrirent dans toutes les places financières.

En 1973, un article de Black et Scholes[78] montre un modèle mathématique du marché pour une action, dans lequel le prix de l'action est un processus stochastique (aléatoire) à temps continu (qui se déroule continuellement) par opposition au processus stochastique à temps discret (période de temps définie entre deux bornes). Il en naît la théorie mathématique de l'arbitrage. Bouleau nous dit que cette théorie est plus pertinente que jamais. Il s'agit selon lui, d'une révolution conceptuelle aussi importante que la théorie de la relativité ou la mécanique quantique. Les conséquences furent très importantes, car les opérateurs de marché l'adoptèrent immédiatement et firent l'effort d'apprendre l'analyse stochastique car elle définissait les conditions de transactions justes en un sens tout à fait pragmatique. Les conditions

[77] Nicolas Bouleau, *Le mensonge de la finance*, Editions de l'atelier, Ivry sur Seine, 2018, p 28.
[78] *Le mensonge de la finance*, p 31.

d'échanges étaient définies de telle manière que ni le vendeur ni l'acheteur ne puissent faire un profit sans risque[79]. Il n'y avait donc pas de possibilité de rente qui place en situation dominante.

Bouleau nous explique qu'aujourd'hui la finance fonctionne selon des principes que non seulement les hommes politiques, mais aussi les sciences humaines ignorent, car ils ne comprennent pas ce qui compose la volatilité[80] des marchés. Dans les années 1970-1980, on crut que la mise en place des marchés à terme éliminerait la volatilité. Mais, les marchés de *biens contingents* dépendent par nature du hasard et du futur, et leur volatilité ne fut pas diminuée, au contraire, elle augmenta. Autrement dit, la capacité de définir un échange qui ne génère un profit qu'avec du risque (élimination des situations de rente) ne conduit pas nécessairement à un écrasement de la volatilité qui donnerait plus de stabilité aux marchés. Ce sont deux choses différentes car les couvertures contre les risques de variations de prix ne dépendent pas de la tendance de la demande mais de la volatilité du prix. Autrement dit, l'objet du calcul de la couverture du risque est la volatilité du prix de l'option et non pas la tendance de la demande. Bouleau nous dit que l'appréciation de la tendance d'un prix reste subjective[81]. Mathématiquement, nous explique-t-il, un cours est la somme de deux termes :

- Une partie martingale qui est la représentation d'un jeu de hasard équilibré comme une pure roulette russe. C'est le lieu de la spéculation.

- Un terme plus régulier au cours du temps, la tendance.

Un cours théorisé n'a pas de cycle. Sa partie martingale ressemble à un mouvement brownien. Comme au casino, la théorie nous renseigne sur ce qui est connu. La seule chose connue est une trajectoire du cours théorisé depuis le début de la cotation jusqu'à l'instant présent. Cela inclut la volatilité.

---

79 *Le mensonge de la finance*, p. 31.
80 Volatilité : dispersion des valeurs autour de la moyenne.
81 *Le mensonge de la finance*, p. 73

Mais l'évolution tendancielle du cours reste subjective. Chaque trader a son idée. Si elle était objective, ce serait des profits sans risques[82]. Or la théorie mathématique de l'arbitrage est due à sa structure logique : personne ne peut faire de profit sans risque[83]. Les marchés financiers sont des marchés, c'est-à-dire qu'ils traduisent des opinions. Les intervenants forment leur conviction par une synthèse personnelle provenant de deux considérations : la lecture des dynamiques économiques et l'évolution possible des cours[84].

En théorie économique, le signal prix devait donner aux décideurs, notamment pour la transition énergétique, une indication de la raréfaction des ressources. Or ce ne fut pas le cas, le signal s'est enfumé, nous dit Bouleau. La raison en est la suivante : les options de couverture sur les marchés sont l'équivalent de polices d'assurances. Un assureur, pour couvrir un risque, calcule sa probabilité de survenance et ajuste le prix en fonction de ce calcul. La théorie mathématique de l'arbitrage intègre la spéculation des autres acteurs intervenants sur ce marché. C'est comme si une police d'assurance était mise aux enchères. Il y a donc un caractère auto-référentiel des marchés, ce que Keynes appelle le concours de beauté. Le cheminement intellectuel qui amène à la fixation prix réduit le champ d'informations nécessaires et la fixation du prix est déterminée par la théorie mathématique. Au regard du poids des marchés de dérivés de gré à gré[85] et du risque qu'ils font peser sur l'équilibre des institutions financières, il est évident que l'économie se trouve en situation de subordination au modèle conceptuel qui régit les marchés financiers.

La réfaction des ressources et la biodiversité sont éjectées du processus décisionnel. Il y a une morphogenèse des marchés financiers qui les tire vers ce que les mathématiques

[82] *Le mensonge de la finance*, p. 86-87.
[83] *Le mensonge de la finance*, p. 91.
[84] *Le mensonge de la finance*, p. 97
[85] L'encours mondial du marché en 2016 était de 26 000 milliards de dollars. Source https://libertex.com/fr/blog/que-sont-les-derives-en-finance.

décrivent[86]. Il y a réalité conceptuelle irréductible des axiomes mathématiques qui s'imposent à l'esprit humain. La question n'est pas de les changer, ni d'interdire la spéculation, qui resurgirait de façon occulte, en dehors de toute règlementation. Mais il est possible de montrer que toute l'information décisionnelle n'est pas comprise dans les processus d'arbitrages financiers.

Conclusion : Un système autonome, abstrait et calculateur

Nous avons tenté de faire se dissoudre la nuée conceptuelle dans laquelle nos esprits s'égarent à propos de la valeur, de la monnaie et du prix. La valeur, système de mise en équivalence partagée, la monnaie, symbole fondamental du lien social, les prix, somme d'une martingale et d'une tendance, ces trois termes participent à l'esprit du temps à l'œuvre dans le monde. Cahuc, Zylberberg et Bouleau nous montrent que la théorie classique, qui fait du prix l'agrégat de toute information, achoppe à définir un symbole universellement efficace. La raréfaction des ressources, la biodiversité, la qualité de l'air et de l'eau, la place de l'homme au travail, la paix sociale, le sentiment de justice, échappent à une appréhension par le prix.

L'épargnant et sa contrepartie qui est l'investisseur utilisent une boussole imparfaite qui n'est calée que sur le prix et intègre mal la valeur non marchande. Le développement de la gestion indicielle et des trackers est symptomatique de cette atrophie de la pensée. L'activité économique est hypostasiée, c'est-à-dire qu'elle est littéralement mise à part dans des indices. Ce sont eux qui sous-tendent la réflexion sur l'état de l'économie, comme si leur nature les rendait à même de nous informer sur la totalité de l'activité industrielle ou des nouvelles technologies en intégrant des données aussi différentes que leur capitalisation, leur chiffre d'affaire, leurs investissements en recherche développement, leur bilan environnemental et social,

[86] Gaël Giraud, *Le mensonge de la finance*, préface, p. 20

la place des parties prenantes et leur gouvernance. Le Dow Jones ou l'Euro Stoxx nous informent du niveau des prix des actions et de la tendance. Mais ces prix sont des anticipations de marché fondées sur des données économiques qui font que les investisseurs s'accordent à croire communément dans une direction possible des cours. C'est le consensus. Une rupture dans le consensus, c'est une faille de confiance, une baisse des cours et une destruction de valeur pour l'épargnant, c'est-à-dire pour le retraité, la famille qui épargnent pour les études des enfants ou des projets d'investissements. Ce système est autonome et il exclut la valeur non marchande (environnement, bonne gestion sociale) pourtant indispensable à la prospérité que sont la justice sociale et le respect de l'environnement. Il n'intègre pas non plus la valeur à long terme : investissements ou maintien d'activités complémentaires moins rentables mais qui sous-tendent la cohérence stratégique d'une entreprise, par exemple refus de la sous-traitance ou maintien de fournisseurs locaux afin de ne pas perdre un savoir-faire précieux.

L'objection ci-dessus est tellement grossière, tellement évidente, que nous ne pouvons que nous étonner de cette insistance intellectuelle de la théorie économique à voir dans le prix le concentré de toute l'information. Or cette hypostase de l'économie, c'est-à-dire de la loi de la maison, dans des indices, est une opération mentale extrêmement puissante. Cette opération mentale permet à l'esprit humain de saisir l'ensemble disparate de l'activité humaine dans une abstraction calculatrice. Cette abstraction calculatrice est une réduction du monde. Cette réduction du monde aux indices est renforcée par la captation de valeur des opérateurs les plus puissants et les plus professionnels (banques, fonds de pensions, compagnies d'assurances) qui font le marché. Ainsi, notre monde vit sous une loi extra-mondaine, celle de l'abstraction calculatrice exprimée dans les indices. Que s'est-il passé pour que l'esprit humain dérive ainsi et s'atrophie dans des symboles chiffrés ? Pourquoi avons-nous perdu le monde dans des chiffres ? Quel est l'origine de cet unilatéralisme intellectuel qui désormais fait courir de graves dangers à la planète, à la paix sociale, à un développement équilibré ?.

QUATRIEME PARTIE

Une demande sociétale transversale (environnement, social, croissance durable)

« En ce début du troisième millénaire, le monde est entré dans une crise extraordinaire d'amplitude et de durée, puisqu'elle est à la fois financière, sociale et environnementale[87] ». Cette évidence rappelée par Aglietta est la raison d'être de l'investissement socialement responsable. Celui-ci a pour but de prendre en compte une demande sociétale transversale de réalisation de trois objectifs qui peuvent se constituer en antagonisme : la lutte contre le réchauffement climatique, menace majeure avec la disparition de la biodiversité, l'élaboration d'une organisation sociale juste et l'augmentation de richesses dans la société. Il y a là une exigence sociale de justice et une exigence de prospérité.

La lutte contre le réchauffement climatique exige une forte pression sur les acteurs industriels pour les inciter à des arbitrages d'investissements compatibles avec l'objectif de réchauffement de deux degrés issu des accords de Paris en 2015 (COP 21). Cette contrainte condamne des activités carbonées et entraîne des fermetures de mines de charbon. Le soutien des mineurs américains à Trump est l'exemple de cette concurrence entre les objectifs environnementaux et la question sociale.

Une organisation sociale juste est une organisation sociale qui reconnaît à chacun le droit de vivre humainement : droit aux soins, à la nourriture, au logement, à l'éducation et

[87] *La monnaie, entre dettes et souveraineté,* p. 166.

aux loisirs. Les tee- shirts *techniques* à cinq euros que l'on trouve dans une grande marque de magasin de sport en France permettent à tous d'accéder à des équipements de loisirs. Mais rien ne nous garantit que les ouvriers des usines pakistanaises ou bangladaises qui les ont produits aient été payés convenablement et que leurs droits syndicaux aient été respectés.

La prospérité matérielle est le résultat d'une création de richesses. Dans les sociétés industrielles et post-industrielles (ou hyper-industrielles), celle-ci n'est plus liée au nombre de bras, mais à l'intensité capitalistique qui va permettre des investissements de recherche et développement et des gains de productivité pour que chaque euro investi soit le plus productif possible. La question qui surgit à propos de l'intensité capitalistique est celle de la concentration du capital dans l'industrie de la gestion d'actifs. Cette industrie gère les actifs des compagnies d'assurances, des fonds de pension, des fonds d'investissements de l'épargne collective, c'est-à-dire celle des épargnants. Elle poursuit des objectifs de rentabilité de l'épargne qui lui est confiée, avec des contraintes de risques. Pour financer sa retraite, l'épargnant réclame à son banquier ou à son assureur des performances et un coût de gestion le plus faible possible. Il en résulte le développement de la gestion indicielle qui est incompatible avec des objectifs de développement durable qui entraîne le monde, avec les produits dérivés, dans la crise financière en déconnectant la finance de l'économie.

Nous voyons bien que les antagonismes de cette demande sociétale transversale posent une contrainte redoutable à l'investissement socialement responsable qui doit affirmer une finalité au-delà des objectifs de gestion tels qu'ils sont énoncés dans les critères du label ISR.

Il nous faut construire une méta-approche de gestion pour répondre aux antagonismes internes de la demande sociétale transversale de *développement durable, bonne gestion sociale et croissance économique.* L'exercice va nous conduire hors des sentiers battus de la gestion d'actifs pour nous interroger sur notre manière de penser c'est-à-dire les mécanismes de pensée qui peuvent nous enfermer dans les antagonismes énoncés ou bien au contraire nous en libérer.

Les grands indices conduisent au réchauffement climatique

Hiro Mizuno, à la tête du fonds des retraites au Japon, a déclaré, le 3 octobre 2019 au *Times* : « Nous pourrions réduire fortement l'empreinte carbone de nos portefeuilles en sortant des industries polluantes, mais il n'en résulterait qu'un transfert de ces actifs vers ceux qui ne se soucient pas des enjeux climatiques[88]. »

Lorsqu'un gérant analyse et compile des données financières pour prendre des décisions d'arbitrage des fonds, il sanctionne positivement ou négativement la gestion des entreprises concernées. Or, il y a une différence de nature entre des perspectives de valorisations financières et la vie d'une communauté au travail. La décision financière impose une contrainte pour la réalisation d'un objectif univoque, le retour sur investissement (même si celui-ci peut être infléchi par une approche ISR). Une communauté au travail peut poursuivre des objectifs plus élaborés que l'univocité de la rentabilité financière : maintenir un haut standard de qualité, faire vivre un processus décisionnel participatif, vivre en lien avec son environnement social, innover en permanence, assurer une formation interne et une évolution aux personnels. Le marché ne prend pas en compte la richesse non financière. C'est la question de l'objet social étendu qui est traitée par la loi PACTE. Elle a entraîné l'ajout à l'article 1833 du Code civil de la précision suivante : « La société est gérée dans son intérêt social en prenant en compte les enjeux sociaux et environnementaux de son activité ». Néanmoins l'investisseur a besoin de critères d'évaluations précis pour décider de son allocation d'actifs. La prise en compte par l'ISR de l'impact de l'activité économique (*impact investing*) est une approche

[88] *Le Monde* du 19.10.2019.

concrète pour mesurer les conséquences environnementales et sociales des choix d'investissements. Mais dans l'univers de la gestion d'actifs, l'*impact investing* est pour l'instant balbutiant.

D'autre part, tous les fonds ouverts au public ont un indice de référence (*benchmark*), ce qui signifie que la composition de leur portefeuille ne peut pas s'éloigner beaucoup de celle de leur indice. « Le problème, c'est que la composition de tous les grands indices mondiaux correspond au mieux à une trajectoire de réchauffement de 3,5 à 4 degrés » explique Mme Husson-Traoré, directrice générale de Novethic. Par conséquent, même si les avancées sont réelles dans la finance, elles ne suffiront pas à modifier la trajectoire actuelle[89].

La gestion indicielle : une pensée de la conscience vide

Didier Saint Georges[90] nous rappelle que, depuis un demi-siècle, la théorie financière affirme que les prix de marché reflètent bien en permanence toute l'information disponible sur chaque titre. Autrement dit, le marché est efficient et a nécessairement raison contre un individu qui serait en désaccord avec lui car il prend en compte tout ce qui est connu pour estimer le prix que méritent les titres. Mais, note-t-il, le comportement des investisseurs repose sur un monumental paradoxe : toute leur stratégie d'investissement consiste à essayer de profiter de l'inefficience des marchés, alors que précisément la théorie prétend qu'ils sont efficients, tandis que cette efficience est la condition essentielle de leur fonctionnement. Cependant la version semi-forte de l'efficience pose que le prix d'une action reflète toute l'information publiquement disponible sur le marché. Cette compréhension plus limitative de l'information signifie que celle-ci réside dans les rapports annuels des entreprises, les analyses fondamentales et techniques de leur activité. Ce degré d'efficience s'avère très difficile à réfuter, précise Didier Saint Georges.

89 *Le Monde* du 19.10.2019.

90 Didier Saint Georges, *Peut-on battre le marché* ? p. 24, 25 ,27.

Le développement des ETF et des OPCVM indiciels[91] valide cette approche. Très peu de gérants battent les indices et la gestion active est toujours plus onéreuse que la gestion indicielle. Il est difficile rationnellement de s'écarter de la gestion indicielle. Pourtant cette rationalité, qui conjugue recherche de performance et moindre coût, pose problème car elle ne permet pas de prendre en compte une sélection de valeurs telle que l'ISR l'exige, et donc il n'est pas rationnel de renforcer un mode de gestion dont les impacts concrets ne permettent ni de corriger les effets du changement climatique ni les conséquences de politique d'entreprises peu soucieuses du respect des hommes au travail.

Nous avons donc affaire à une rationalité restreinte ou étroite qui se limite à une raison calculatrice. Pourtant c'est cette raison calculatrice qui impose sa loi au détriment d'une rationalité élargie qui vise des objectifs de pérennité de la vie économique fondée sur le respect de l'environnement naturel et social. Notre hypothèse est qu'il y aurait donc, derrière la superstructure de la finance, une manière de penser essentiellement réduite à une raison calculatrice fondée scientifiquement. Derrière cette manière de penser scientifiquement, par rebond, la question de la conscience de celui qui pense scientifiquement se poserait alors : quelle est la nature de la conscience de celui qui développe une pensée scientifique avec l'outil unique de la raison calculatrice ? Notre manière de penser le monde, de penser les investissements est-elle objective, détachée de celui qui pense et ne relevant que du rapport entre la cohérence d'une pensée et son objet, cette cohérence pouvant s'exprimer mathématiquement ? Un vide de conscience est-il la condition nécessaire pour rester dans l'objectivité d'un rapport mathématique au monde ? Paradoxalement, ne surgirait-il pas alors une difficulté de conscience devant l'acte produit par une pensée objectivante mais nécessairement sous-informée par le sens moral, les émotions, le lien aux autres et à la nature. C'est le sens de la

[91] Fin juin 2017, la gestion des ETF (Exchanged traded funds) en Europe représentait 610 milliards d'euros (source dossier Agefi Gestion indicielle).

phrase de Paul dans Romains 7.19 : « Je ne fais pas le bien que je veux et je fais le mal que je ne veux pas ». Une gestion d'actifs totalement rationalisante ne veut pas nuire au monde mais pourtant elle peut gravement nuire par univocité de la pensée. La gestion indicielle serait-elle la gestion de la pensée objective mais de la conscience vide ? Une pensée inductive, multi-informée ne serait-elle pas indispensable pour interpeller une conscience qui veut agir en investissant ?

L'anthropologie cartésienne professe *cogito ergo sum*. Pourtant le *je suis* précède le *je pense*. C'est pour cela que selon Heidegger, l'assertion du *cogito sum* procède d'une omission essentielle : celle de l'*être-là*[92]. L'être au monde est premier et il fonde l'être pensant rationnellement. La conscience se nourrit de la mémoire enfouie et des émotions qui font notre *être-là*. Cet *être-là*, la neurobiologie le saisit par l'observation comme un flux informationnel d'où émergent des effets de sens. C'est parce que les effets de sens de notre conscience agissent dans le monde que nous créons, aimons, mais aussi en raison des absences d'effets de sens de consciences vides que nous dévastons et polluons pour nous enrichir rationnellement.

Comment nous pensons

Ce titre est repris à l'ouvrage de John Dewey, *Comment nous pensons*[93]. Dewey distingue trois acceptions au terme de *penser*.

- Ce qui nous passe par la tête : penser c'est être conscient de quelque chose.
- Un exercice purement intellectuel qui exclut les sens.

---

[92] Paul Ricoeur, *Le conflit des interprétations, Essais d'herméneutique*, le Seuil, Paris, 1969, p. 225.
[93] John Dewey, *Comment nous pensons,* Le Seuil, Les empêcheurs de penser en rond, Paris, 2004.

- La pensée comme travail fondé sur des preuves, opinions ou témoignages. Cette troisième acception fait distinguer deux degrés. Parfois une opinion est acceptée sans volonté d'en connaître le bien-fondé et, d'autres fois, on en cherche délibérément le fondement. Ce processus s'appelle pensée réfléchie, il a valeur éducative.

Dewey fait de la pensée réfléchie l'objet de son ouvrage. La pensée réfléchie se distingue de la pensée au hasard par l'ordonnancement qui la conduit. Chaque terme de pensée sert à fonder le terme suivant. L'acte de penser ne se limite pas à l'observation mais inclut l'imagination, ce qui n'interdit pas la cohérence. Cependant la pensée réfléchie, si elle ne porte ni sur l'observation, ni sur une opinion relative à des faits ou à des vérités, peut néanmoins exprimer de manière cohérente un enchaînement de termes qui construit une bonne histoire, un déroulement signifiant. Ce type de pensée est une efflorescence des sentiments, elle exprime une émotion qu'elle met en intelligibilité. Ce type de pensée, fondée sur l'imagination et les sentiments, aboutit à la croyance chez ceux qui la partagent. Dewey explique que la pensée mène à la croyance par deux voies[94]. Il distingue les pensées qui ne se soucient pas des raisons qui l'appuient de celles qui s'appuient sur des préjugements non validés (la terre est plate) comme soutien à une croyance. Elles ont toutes pour fonction de distinguer le vraisemblable de l'invraisemblable. Les opinions qui sous-tendent la pensée peuvent aboutir à des impasses : si la terre est plate, il va être difficile de naviguer jusqu'en Inde. La pensée de Colomb apparaît, face à la pensée issue de la platitude de la terre, comme une conclusion raisonnée, fondée sur des faits, confrontée à l'expérience. C'est parce que Colomb n'adopta pas la théorie traditionnelle, qu'il douta, scruta, qu'il arriva à une pensée réfléchie. Dewey propose une définition de la pensée réfléchie : « La pensée réfléchie est le résultat de l'examen serré, prolongé, précis d'une croyance donnée ou d'une forme hypothétique de connaissances, examen effectué à la lumière

[94] *Comment nous pensons*, p. 12.

des arguments qui appuient celles-ci et des conclusions auxquelles elles aboutissent[95] ».

Autrement dit, il propose la mise en critique de la pensée et de ses conclusions avec des arguments rationnels, issus d'observations. C'est une démarche de nature scientifique. La pensée s'origine dans un état de confusion ou de doutes. Il y a une cause particulière qui l'occasionne (par exemple le lien entre l'effondrement écologique et la pensée économique)[96].

Donc, penser signifie jeter un pont sur une lacune de l'expérience. Ainsi en est-il de l'impasse d'une pensée qui ne peut allier la prospérité économique et le maintien de l'intégrité de l'environnement naturel. Cela constitue un cadre de pensée à explorer. Pour cela, il faut réunir des faits, des actes qui sans cet effort resteraient isolés. Penser implique des termes de liaison bien définis et formulés, un principe bien établi ou un langage logique, l'application d'un axiome universel. Un acte complet de pensée implique le déductif (résultat d'un déroulement logique à partir d'une hypothèse validée par l'expérience) et l'inductif (lien fait entre des observations diverses qui aboutit à une conclusion cohérente)[97].

Nous pouvons donc nous interroger sur la validité d'une pensée économique fondée en théorie sur l'hypothèse du secrétaire du marché (Walras) qui établirait le prix comme agrégat de toutes les informations disponibles pour les acteurs. La cohérence de cette pensée déductive est forte et aboutit à un axiome qui est repris par l'ensemble des opérateurs de marché. Pourtant la démonstration de Cahuc, Zylberberg et Bouleau en montre les limites. De fait, la pensée inductive est évacuée au profit de la pensée déductive. La discordance entre l'expérience et la pensée théorique ouvre une faille à combler. Nous sommes devant une pensée qui reste à développer pour saisir la réalité économique.

---

95 *Comment nous pensons*, p. 15.
96 *Comment nous pensons*, p. 22.
97 *Comment nous pensons*, p. 110.

Dewey détaille cinq étapes logiques distinctes de la réflexion que nous pouvons appliquer de façon simplifiée à la situation d'un gérant de portefeuille actions dans une compagnie d'assurance :

- On se trouve en présence d'une difficulté à résoudre. Exemple : dois-je acheter cette action pour diversifier mon portefeuille, diminuer la volatilité sans altérer la rentabilité ?
- On localise la difficulté, on la définit. Quel est son PER[98] ? Est-elle cyclique ? Quelles sont les perspectives chiffrables de rendement ? Je pose donc un raisonnement déductif.
- On identifie un titre. Son PER est bas, donc c'est une bonne affaire. Mais si j'observe son cycle de rendement, elle est à un point haut. Il y a donc un hiatus. A ce moment-là je quitte les rivages solides de l'analyse logique et calculatrice pour m'aventurer dans l'interprétation. Une foule d'informations m'attendent au-delà des résultats des calculs et des statistiques. J'ai des informations règlementaires : l'activité de ce secteur est affectée par des renforcements de la règlementation en raison du réchauffement climatique. Le process industriel va devenir plus coûteux. Je récolte aussi des informations sociales : la baisse d'activité prévue pourrait entraîner une grogne sociale persistante renforcée par l'arrivée de brevets innovants qui vont bouleverser le process industriel. Je récolte encore des informations de stratégie : l'analyse d'un grand cabinet de stratégie montre que le Brexit va affecter les coûts d'approvisionnements en matière premières des usines au Royaume-Uni.
- On élabore rationnellement une idée. Mon raisonnement devient inductif. Je crée des inférences entre les informations que je possède et l'analyse logique. Ces inférences coordonnent mon

[98] PER (Price earning ratio) c'est-à-dire le cours divisé par le bénéfice.

raisonnement. Le PER bas est justifié par l'évolution du secteur d'activité qui offre des perspectives de rendement médiocres.

- En continuant à observer ou à expérimenter, on est amené à adopter ou à rejeter cette suggestion, c'est-à-dire à conclure pour ou contre, à prendre une décision. L'activité boursière autour de cette action est faible. Cela signifie soit que l'analyse exhaustive du secteur n'a pas encore était faite par les investisseurs, soit que tout le monde considère que pour quelques temps encore le rendement apporté participe bien à la diversification du portefeuille. Il y a un consensus de marché. Mon objectif étant la constitution à long terme d'un portefeuille en évitant les coûts d'arbitrage, j'ai bien identifié les risques à moyen terme de ce titre donc je prends la décision de ne pas l'acheter pour rester en cohérence avec mon objectif.

Dewey nous montre bien comment une pensée emprunte tant au raisonnement déductif qu'au raisonnement inductif. Cet élargissement du champ de la pensée se fait autour du hiatus perçu, de la difficulté à combler, de la contradiction logique, de l'aporie face au réel. C'est ce hiatus qu'il nous faut mieux comprendre.

Les indices boursiers et la déliaison du monde

L'acte de penser entre déductif et inductif nous dit que l'état de notre conscience procède d'un flux informationnel complexe et divers, d'informations paradoxales qui se contredisent, d'émotions opposées, d'objectifs peu compatibles qui tentent de s'organiser avec cohérence pour produire un sens. Il est donc important que nous nous souciions de comprendre quelle règle donner à nous-mêmes pour que notre action produise un sens, c'est-à-dire une direction, une intelligence et un but. Dans le cas d'une gestion indicielle, un mécanisme spécifique est en jeu qui fait référence à une forme de scientificité que le passage par Husserl nous permet de détailler.

L'étude de François de Gandt[99] nous rappelle qu'une des leçons de Husserl[100] est la distinction entre la science qui vise des connaissances et la technique qui vise des résultats pratiques. La connaissance du réel est le fondement pour donner un sens bien étayé à nos décisions et nos actions. La question est donc, comment pouvons-nous entrer dans cette relation particulière avec notre entourage, qui constitue le réel, pour produire une connaissance liant le réel à notre action ? Quels chemins la pensée d'un homme emprunte-t-elle pour sortir de lui-même afin de connaître c'est à dire naître avec le réel ? La géométrie est le premier exemple d'une connaissance stable et indubitable.

Husserl fait partager son admiration pour cette première science. Il fait aussi partager ses soupçons[101]. Le texte *Origine de la géométrie* éclaire les passages elliptiques de la Krisis[102] Pour évaluer, distribuer, nous utilisons des formes privilégiées qui servent de moyens de comparaison. Le rectiligne et le circulaire sont plus simples, plus commodes. Le carré aussi. On rapporte des formes intuitives à ces étalons. L'ajustement n'est pas parfait, il y a des recouvrements qui débordent et d'autres qui sont insuffisants, mais peu importe. Personne ne peut prétendre qu'un indice boursier mesure de façon exacte une création de valeur à long terme incluant la pérennité économique, environnementale et sociale. Il constitue un modèle auquel la pensée se réfère. C'est ainsi qu'est née la géométrie, par un changement d'attitude des hommes qui ont pris pour thème de *theoria* ces patterns[103]. On voit bien surgir ici une limite à cette pensée : peut-on appréhender idéalement

[99] François de Gandt, *Husserl et Galilée sur la crise des sciences européennes*, Vrin, Paris, 2004.

[100] Edmund Husserl, *La crise des sciences européennes et la phénoménologie transcendantale*, Gallimard, Paris, 2016.

[101] *Husserl et Galilée sur la crise des sciences européennes,* p. 56.

[102] *La crise des sciences européennes et la phénoménologie transcendantale,* p. 28.

[103] *Husserl et Galilée sur la crise des sciences européennes,* p. 57.

par des modèles les odeurs ou le toucher ? Selon Husserl, on peut traiter idéalement des formes géométriques car il y a une perfection du circulaire ou du plat. Le développement de modèles permet à une pensée de sortir du particulier, du spécifique, de l'artisanal, pour se généraliser et s'industrialiser en appliquant les mêmes méthodes. La connaissance par l'esprit de géométrie se prête aux méthodes qui développent la technique et donc la diffusion d'une gestion indicielle à bas coût dans le monde de la finance. L'esprit financier dérive alors dans sa pensée : le vrai géomètre oublie même les racines de sa pratique. Il traite de formes idéales. Les signes ne sont que des supports, mais le géomètre ne les traite que pour eux-mêmes[104].

Partageant l'inquiétude philosophique de Husserl : combien de fois croyons-nous avoir affaire aux choses elles-mêmes, alors que nous nous mouvons seulement parmi les signes, car le géomètre domine un monde très pauvre à partir d'un réservoir très pauvre et essentiel de quelques formes de base. Certes, nous dit François de Gandt, les choses courantes de la vie présentent des formes et contours difficiles à maîtriser. Il y a un intérêt pratique à avoir des contours (approximatifs) qui servent de guide, mais l'exactitude n'existe pas. Elle est un horizon toujours repoussé. La vie pratique est déterminée par le but[105]. Pourtant la finance n'a rien d'autre qu'un but pratique : pourvoir l'économie en capitaux pour permettre aux hommes d'utiliser de façon optimale les richesses produites par la nature et le travail et vivre durablement et en harmonie entre les hommes (justice sociale) et avec la nature (respect de l'environnement).

La dérive de la gestion indicielle est analogue à celle de la géométrie : elles sont platoniciennes. Les philosophes comme les financiers ont changé le sens de leur pensée qui avait un but pratique, pour en faire une science qui traite de réalités en soi. La finance comme la géométrie deviennent l'exercice d'une vision des idées sur le monde réel. Le monde mathématique des idéalités, grâce à une substruction, est mis à la place de l'unique

---

[104] *Husserl et Galilée sur la crise des sciences européennes,* p. 59.
[105] *Husserl et Galilée sur la crise des sciences européennes,* p. 64.

monde effectif, le monde donné par la perception, celui qui est pour nous chaque fois expérimenté et expérimentable, notre monde vécu quotidien, un échafaudage de situations idéales plus ou moins enchevêtrées[106]. Les connexions entre les évènements ont été remplacées par des correspondances. Le lien intelligible entre travail, valeur ajoutée, environnement, répartition des richesses, pauvreté, accès aux savoirs est perdu. La pensée sur la cité qui doit informer la finance s'est évaporée. On passe du concret à l'abstrait par une suite infinie d'enrichissements. Il est intéressant de noter que c'est exactement la remarque que porte Gaël Giraud : « Il y a une morphogenèse des marchés financiers qui les tire vers ce que les mathématiques décrivent[107] ». Les indices nous font oublier le sens de la raison d'être de la finance et mettent la pensée hors circuit. Avec eux, nous entrons dans un tunnel de déductibilités qui nous tient éloigné des réalités du monde. L'expérience que nous faisons communément de la vie est vidée de son sens par cette abstraction. En l'absence d'un référentiel tangible d'expériences, il n'y a plus de science mais du platonisme. Le monde de la vie se retrouve clôturé par des abstractions. La clôture du réel est assurée par la mathématisation intégrale dans la gestion quantitative.

L'évolution d'un indice boursier n'est pas une pensée produisant un effet de sens : c'est un acte mécanique dont la seule finalité est de se conformer à une abstraction arbitraire construite par le cerveau humain. Lorsque le CAC 40 est né avec 1 000 points de base en 1987, il était composé proportionnellement des 40 plus grosses capitalisations de la place de Paris. Nous voyons qu'il s'agit d'une construction rationnelle fondée sur une abstraction réductrice de l'activité économique. De quoi cette construction abstraite peut-elle nous informer en économie, au regard de la grande diversité des activités des entreprises composant l'indice et de la dispersion internationale de leur activité ? Que peut-elle nous donner à penser si ce n'est de mesurer son évolution ? Pourtant cette

---

[106] *Husserl et Galilée sur la crise des sciences européennes,* p. 70.
[107] *Le mensonge de la finance*, préface, p. 20.

construction abstraite a pris une place essentielle dans l'esprit des investisseurs. Elle est devenue une référence, car l'évolution quotidienne de l'indice est analysée en fonction du montant des échanges, et donne une information précieuse sur la solidité avec laquelle les prix se sont constitués sur le marché. Cette information est fondamentale mais elle n'est que partielle et l'agrégat CAC 40 ne nous dit rien d'autre. Le CAC 40 apparaît alors comme un outil informationnel qui aurait pris une place centrale dans l'esprit des investisseurs et serait devenu une méthode. Le CAC 40 (et les autres indices composites) sont devenus la méthode de pensée de la gestion indicielle. Si l'outil est devenu la méthode, c'est parce que la version semi-forte de l'efficience des marchés est une notion résistante pour expliquer la formation des prix. Mais nous sommes là tombés dans le puits de la réflexion économique et nous ne voyons que le coin de ciel que nous pouvons observer. Les autres galaxies nous échappent. Les indices réduisent notre champ de réflexion. Ils sont une représentation d'une fraction du monde, mais une représentation n'est pas la chose et une fraction n'est pas la totalité. En fractionnant le monde, ils le délient et nous délient du monde. Ils sont une objectivation de monde qui produit une déliaison entre le monde et nous. L'outil prenant la place de la méthode et la méthode, au nom de la version semi- forte de l'efficience des marchés, prenant la place du monde, ils deviennent une chose en eux-mêmes qui motive l'action d'investissement. L'investissement ne vise pas le monde réel, il vise l'indice, à un point tel, que l'on en oublie le monde. La réalité glisse du monde à l'indice. L'attraction de ce glissement réside dans la capacité de l'indice à se transformer en liquidités pour les investisseurs. Autrement dit, l'investissement vise une abstraction, une vue de l'esprit et non le monde de la vie. La finance, de ce point de vue est une prise de contrôle du monde par la puissance de l'abstraction, de la vue de l'esprit sur le *bios*, et particulièrement sur le *bio logos*, le propos sur la vie. Comment ensuite s'étonner qu'une partie de la finance se soit coupée du monde, que l'économie et la finance vivent sur des planètes séparées, lorsqu'aucune autre parole, aucune autre pensée que l'indice ne sont possibles pour interpréter le monde dans la pensée de la finance ?

De quelle nature est la scientificité de la gestion d'actifs ?

Il y a une urgence méthodologique et morale à confronter une pensée déductive issue de l'analyse chiffrée et une pensée inductive issue de l'expérience et d'informations recueillies pour produire un raisonnement fondé.

François de Gandt, à propos de Galilée[108], nous enseigne que celui-ci mettait à l'écart les sensations subjectives qu'il comparaît à un simple chatouillement. Elles ne correspondent à rien de réel, elles trahissent simplement un effet de surface, à l'interface entre mon corps et la chose. Que resterait-il, selon Galilée, sans le corps sensitif ? Il faut alors se représenter la chose avec des attributs mesurables, mais sa couleur, son goût, son bruit résident seulement dans le corps qui les ressent. On peut alors réduire les qualités secondes à des effets des qualités premières. Odeur et saveur sont le résultat d'une certaine combinaison de particules étendues, définies par les seules qualités premières. Il cite Galilée : « Pour que les corps extérieurs puissent exciter en nous les saveurs, les odeurs et les sons, il n'y a pas besoin d'autre chose, à mon avis, que de grandeurs, de figures, de multitudes, de mouvements lents ou rapides ». Ce tri des qualités premières est repris avec des nuances diverses chez Descartes et chez Locke.

Une réduction de la perception à des phénomènes mesurables procède de la pensée de Galilée en raison du point de vue selon lequel le monde exact, celui qui se manifesterait de façon identique à tout observateur, celui de l'objectivité, ne pourrait pas être atteint par les sens qui sont trop approximatifs et trompeurs.

Husserl, poursuit de Gandt, critique cette théorie par deux voies. L'une est que l'expérience est la seule garantie de validité de toute théorie. Or la position galiléenne ne suit pas un protocole précis et déterminé pour émettre cette théorie, c'est

---

[108] *Husserl et Galilée sur la crise des sciences européennes,* p. 193-194.

l'affirmation d'une pensée. L'autre, c'est que l'expérience repose sur des descriptions qui sont une mise en œuvre de la perception[109]. Nous savons depuis Husserl et Ricoeur que la perception est un double contenu : ce qui est senti et ce qui est interprété. Le signe, c'est le renvoi vers notre mémoire, nos connaissances et nos sentiments. Ainsi, nous percevons sur un tableau des taches de couleur. Ces taches, une à une, nous évoquent des sentiments ou des souvenirs qui nourrissent nos pensées. Une perception globale en émerge qui nous permet d'émettre un jugement. C'est ainsi que le sens apparaît. Nous manifestons une compréhension.

Contrairement à une compréhension idéaliste qui voudrait que les signes renvoient à l'essence même de la chose représentée, à un être fondamental suspendu dans les éthers, dans le phénomène de perception, le signe nous renvoie donc vers une expérience du monde dans lequel nous vivons et qui a nourri notre mémoire, nos connaissances et nos sentiments. Il nous indique le monde comme le lieu dans lequel nous puisons notre compréhension au-delà d'une pensée spéculative. La perception nous renvoie au monde de la vie, le *Lebenswelt* chez Husserl.

Il y aurait donc trois approches ou trois formes de connaissance possible :

La première est spéculative. La production de pensée est la matière première qui a nourri la théologie scolastique ou l'économie néo-classique avec ses postulats. L'expérience et la mesure sont hors champ pour cette approche. L'adéquation du discours au concept est la seule validation possible. Cette approche éclaire des schémas de pensée, nourrit un sens spéculatif, mais favorise la constitution de chapelles qui dégénèrent en querelles idéologiques.

La seconde, issue de la pensée galiléenne, fait fi de la perception et confère à la mesure un attribut de fondement des

109 A cet instant, nous pouvons avoir une pensée inquiète pour la théorie classique en science économique et l'énoncé de la concurrence pure et parfaite.

choses. C'était le grand reproche de Péguy aux modernes. La spéculation intellectuelle glisse des idées, dans la version classique, vers les mathématiqucs, comme le montre Bouleau à propos de la finance. Cette approche exclut les querelles idéologiques, offre un chemin rationnel, mais sa puissance d'abstraction enserre les esprits et les délie du monde de la vie. La pensée est polarisée par des chiffres, des indices, des calculs d'actualisation, des calculs probabilistes qui sont loin d'être des prédictions scientifiques : les errements de la gestion quantitative nous l'ont montré. Cette pensée place la mesure à la substruction du monde. C'est un défi immense au sens, car un signe mathématique renvoie à un concept, pas à une expérience. En ce sens la finance, en dominant l'économie, vide le monde de son sens et c'est l'origine fondamentale de la crise, dénoncée par Charles Péguy ou Emmanuel Mounier, qui n'a fait que s'amplifier pour recouvrir l'Occident en produisant la catastrophe écologique que nous affrontons.

La troisième approche est celle de la validation par l'expérience. C'est celle retenue par Cahuc et Zylberberg ou par Esther Duflot. Elle tient à l'écart les jouissances de la pensée spéculative et les certitudes des mathématiques. Elle travaille à l'élaboration de protocoles, toujours critiquables, dans l'interprétation des résultats et dans un savoir temporaire destiné à être toujours questionné. Cette approche ne peut se déployer sans une conception spéculative qui nourrit la créativité et sans la mesure qui permet de se repérer. La perception du monde par l'expérience est sa matière première.

De ce point de vue, la gestion indicielle est une pensée mathématisante du monde qui dégénère en vision comptable. Elle n'a pas de caractère scientifique fondé sur l'expérience. Son fondement réside dans l'efficience semi-forte des marchés qui est un fait largement partagé. Mais l'expérience relatée par l'efficience semi-forte est celle de la variation des prix sur un marché spécifique. Il s'agit d'une expérience qui relate un continuum d'informations sur des variations de prix. Ce continuum est-il un protocole assez solide pour éviter à un investisseur de décrocher de son objectif de création de valeur à moyen-long terme ? L'efficience semi-forte trouve sa validation dans ce que Giraud décrit : « une morphogénèse des marchés qui les tirent vers ce que les mathématiques décrivent ». C'est l'origine de ces prédictions auto-réalisatrices que sont les anticipations d'évolution des indices. Il suffit que le consensus décrive une évolution pour qu'elle ait lieu… jusqu'à la rupture de confiance d'un acteur qui casse la prédiction. Donc un protocole d'investissement qui menace de s'effondrer à tout moment sur la rupture d'un sentiment, la perte de confiance, pose question quant à sa scientificité. Le fondement probabiliste sur lequel s'est échafaudé l'investissement s'est dérobé sur une évolution de sentiment, la confiance, car un acteur a enrichi son analyse par des informations nouvelles. C'est le constat de la faiblesse de ce protocole d'investissement qui justifie la gestion active fondée sur l'observation des titres.

Le *benchmark* d'un fonds, un *driver* contrariant l'ISR

Les informations nouvelles à l'origine d'une rupture de confiance peuvent être de nature comptable, commerciale, technologique, fiscale, mais aussi avoir trait aux parties prenantes : évolutions réglementaires qui impactent l'environnement, la gestion sociale ou des informations scientifiques sur l'évolution des ressources naturelles ou bien encore sur des risques juridiques encourus. C'est précisément sur ce point que porte la critique d'Olivier Davanne[110].

Il fait référence au krach du 19 octobre 2007 qui s'est traduit par une baisse de 20 % de la valeur des actions américaines et qui n'est lié à aucune nouvelle rendue publique ce jour-là ayant pu modifier radicalement la perception des investisseurs sur les profits futurs ou leurs primes de risque. De la même manière, en 2000, très peu d'analystes considéraient que le prix des actions était justifié par les perspectives de profit. Davanne explique ces déconnexions par deux observations : la tendance excessive à l'extrapolation des

[110] Olivier Davanne, *Allocations d'actifs, théorie et pratique*, sous la direction de Pierre Hervé, Economica, Paris, 2012, p.20.

performances chez les investisseurs particuliers, et surtout les fortes contraintes exercées par des *benchmarks* rigides sur les décisions des investisseurs professionnels.

Les professionnels connaissent, contrairement aux particuliers, les dangers de l'extrapolation des performances. Le poids des *benchmarks* dans la gestion résulte de la généralisation d'un processus en deux temps : le choix d'une allocation stratégique, le plus souvent très stable au cours du temps, puis une allocation tactique pour aboutir au portefeuille jugé souhaitable pour concilier le couple performance/risque visé.

L'allocation stratégique va varier en fonction de l'horizon de l'investisseur et modifier la part des classes d'actifs (actions, obligations et monétaires) selon la durée de détention envisagée. Dans un cadre de gestion majoritairement actions et donc de moyen-long terme, l'allocation stratégique renvoie au *benchmark* du gestionnaire, c'est-à-dire à un indice de référence qui indique comment aurait évolué son portefeuille s'il ne faisait jamais de choix stratégique. Les performances du gérant sont calculées par référence à ce *benchmark*, ce qui est souvent cruel pour le gérant.

Davanne[111] considère que l'existence de ces *benchmarks* rigides constitue une contrainte forte, qui a au moins deux implications négatives sur les choix de gestion. D'une part, l'espace de liberté du gestionnaire est limité et il est risqué pour un gestionnaire de s'éloigner de son *benchmark*. Autrement dit, même dans le cas d'une gestion active, les indices jouent le rôle de *driver* du marché, ce qui pose problème quant à la liberté d'une gestion active ISR dont la sélection de titres la ferait s'éloigner du *benchmark* pour respecter ses objectifs de gestion. D'autre part, le poids de la référence (tous les 6 mois ou toutes les années) au *benchmarck* interdit au gérant de s'alléger des titres surévalués pour acheter des titres sous-évalués.

---

[111] *Allocations d'actifs, théorie et pratique,* p. 22.

Fonder scientifiquement la validité ISR d'un OPCVM sur une demande sociétale transversale

Les critères du label exigent la fourniture, par le fonds candidat, d'informations concernant les objectifs extra-financiers du fonds : environnementaux, sociaux et gouvernance d'entreprise.

Nous avons vu plus haut que nos sociétés demandent la réalisation de trois objectifs souvent antagonistes : la lutte contre le réchauffement climatique, l'élaboration d'une organisation sociale juste et l'augmentation de richesses dans la société.

Il est évident que la bonne gouvernance est un critère clef de l'ISR (le *dieselgate* chez Volkswagen est là pour nous le rappeler), mais il ne saurait être un objectif sociétal global au même niveau que l'environnement et la bonne gestion sociale pour être compris et mobilisateur dans le grand public. La plupart du temps (excepté pour le *dieselgate*), la gouvernance est une question qui intéresse les parties prenantes et les actionnaires mais n'a pas d'impact dans le grand public. Peu importe pour l'homme de la rue que la gouvernance de telle ou telle banque soit le fait d'un PDG ou d'un conseil de surveillance et d'un directoire.

Dans l'élaboration des objectifs recherchés par le fonds au travers de la prise en compte des critères ISR, l'adéquation avec la demande sociétale réclame la prise en compte de *la préservation de l'environnement, de la bonne gestion sociale et d'une croissance* fondée sur des critères globaux ESG. Cette adéquation à la demande sociétale, se traduit par trois compartiments distincts dans un fonds : *réduction de l'impact environnemental, bonne gestion sociale et croissance durable.*

Il est fondamental de noter que la demande sociétale de *préservation de l'environnement, bonne gestion sociale ou croissance durable* est une demande transversale. L'homme de la rue demande à l'économie, à travers toutes les entreprises, d'être responsable sur ces trois items. Il peut les hiérarchiser selon sa sensibilité.

Une autre approche consisterait à proposer un fonds ISR doté d'objectifs de gestion autour d'une sélection d'univers de gestion centrée sur des entreprises dont les perspectives de bénéfices et de chiffres d'affaires sont fortement influencées par les grandes tendances mondiales à long terme notamment économiques, sociales, démographiques ou technologiques, par exemple la santé, le digital ou la transition énergétique.

Pourtant, cette approche présente des limites :

- Elle est un pari sectoriel pour l'épargnant et donc concentre des risques.
- Ces secteurs ne sont pas une réponse transversale à la demande sociétale et n'offrent pas par conséquent une vraie diversification du risque dans l'OPCVM car ils ne couvrent pas toute l'économie.
- Les secteurs sont un choix a priori du gérant et non une approche scientifique. Il est en effet difficilement soutenable qu'une décision d'investissement dans trois secteurs spécifiques (santé, digital, transition énergétique) prise par un gérant ne repose pas sur un arbitraire, même construit à partir d'informations quantitatives et économiques. Il y a une faiblesse dans le protocole d'allocation stratégique qui ne sait pas prendre en compte la demande sociétale transversale et ensuite la hiérarchiser.

Construire un OPCVM qui réponde à la demande sociétale transversale dans la société, *préservation de l'environnement, bonne gestion sociale et croissance durable* et la hiérarchiser suppose de :

- Refuser un pari sectoriel.
- Être vraiment diversifié.
- Reposer sur une méthode de pondération des items validée scientifiquement pour contourner *le driver de*

l'indice et asseoir la décision d'allocation stratégique du gérant.

Ce troisième point est épineux. Comment accéder aux informations mouvantes qui structurent et hiérarchisent la tendance de la demande sociétale quand on sait que des informations significatives observées par les gérants sont essentiellement quantitatives et économiques ?

Pourquoi le choix du gérant a-t-il des difficultés à refléter les choix de la société ?

Méthodologiquement, il y a un point où la gestion d'actifs ne peut s'épargner de frayer avec les sciences sociales pour capter des informations plus riches la renseignant sur la tendance de la demande sociétale transversale : il s'agit d'analyser ce qui se joue dans la différence entre un point de vue personnel, celui d'un gérant qui choisit des secteurs d'investissements, (par exemple santé, digital, transition énergétique), et la société qui exprime un choix transversal (préservation de l'environnement, bonne gestion sociale et croissance durable).

La démarche d'investissement suivie par un gérant pour organiser une allocation stratégique peut être assimilée à un concours de beauté. Orléan[112] rappelle ce qu'est le concours de beauté Keynésien[113] : il décrit ce jeu comme auto-référentiel par comparaison avec un jeu hétéro-référentiel dont l'objectif poursuivi serait indépendant des actions individuelles des

---

[112] *L'empire de la Valeur*, p. 280.

[113] John Maynard Keynes, *Théorie générale de l'emploi, de l'intérêt, et de la monnaie*, Paris, Payot, collection petite bibliothèque Payot, 1971, p. 168. « La technique du placement peut être comparée à ces concours organisés par les journaux où les participants ont à choisir les six plus jolis visages parmi une centaine de photographies, le prix étant attribué à celui dont les préférences s'approchent le plus de la sélection moyenne opérée par l'ensemble des concurrents. Chaque concurrent doit donc choisir non les visages qu'il juge lui-même les plus jolis, mais ceux qu'il estime les plus propres à obtenir le suffrage des autres concurrents, lesquels examinent tous le problème sous le même angle ».

participants, par exemple si les visages à classer étaient déterminés par un jury d'experts au lieu de l'être par le groupe. La rationalité intellectuelle de l'approche néo-classique renverrait, comme le pratiquent les gérants, à l'analyse fondamentale. L'hypothèse dans ce cas est qu'il y a une valeur objective qui s'impose à tous. Mais chacun calculant d'après ses propres hypothèses, cette approche n'en reste pas moins éminemment subjective. Il y a un biais cognitif qui subsiste au fondement de l'analyse fondamentale. C'est d'ailleurs sur ce biais cognitif que se fonde la gestion active pour défier la gestion indicielle. Pourtant l'individu qui a un point de vue excentrique par rapport au marché n'a aucune garantie d'obtenir un bon score. La raison fondamentale en est l'équivalence de la valeur partagée, qui est le fait majoritaire du marché. La valeur a donc des difficultés à émerger. Il y a une croyance originaire qui régit l'analyse fondamentale : celle de la vérité objective, mais celle-ci est invalidée par le biais cognitif des hypothèses de départ.

Il pourrait y avoir un niveau plus pertinent qui est l'anticipation par l'un des participants des croyances des autres. Il s'agit de former une croyance de degré deux. Mais, pour être pertinente, cette stratégie suppose que les autres participants agissent avec leur croyance primaire. Toutefois ce niveau de deuxième degré reste théorique. Orléan nous dit que Keynes introduit une croyance spéculaire dite de degré trois : un jeu de miroir[114]. A la manière de deux miroirs mis face à face, elle donne à voir une dynamique de reflets infinis. Cette remarque, nous dit-il, clôt l'analyse très succincte que Keynes consacre au concours de beauté dans la théorie générale. L'étude des interactions autoréférentielles ne peut en rester à ce seul constat.

---

[114] *Théorie générale de l'emploi, de l'intérêt, et de la monnaie,* p. 168. « Il ne s'agit pas pour chacun de choisir les visages qui, pour autant que chacun peut en juger, sont réellement les plus jolis (croyance de degré un) ni même ceux que l'opinion moyenne considèrera comme tels (croyance de degré deux). Au troisième degré où nous sommes rendus, on emploie déjà nos facultés à découvrir l'idée que l'opinion moyenne se fera à l'avance de son propre jugement. Et il y a des personnes, croyons-nous, qui vont jusqu'au quatrième ou cinquième ou plus loin encore. »

Le processus autoréférentiel nous explique Orléan, est un jeu de pure coordination dans lequel chaque joueur a *n* options, toutes équivalentes. L'utilité obtenue ne dépend pas de l'option et le gain est proportionnel au nombre de joueurs ayant choisi la même option. Autrement dit, le gain se constitue proportionnellement à l'émergence d'une opinion majoritaire. Plus celle-ci est large, plus le gain est élevé : le système des équivalences partagées joue à plein. Une valeur significative a émergé. L'unanimité est le point d'équilibre du système, chaque agent a obtenu son gain maximal, car chaque agent a correctement anticipé, par son pari, l'opinion majoritaire. Le processus auto-référentiel est donc une croyance collective autoréalisante. Transposé aux marchés financiers, ce processus indique que n'importe quel prix peut être un prix d'équilibre dès lors que les participants sont majoritairement d'accord pour le considérer comme le juste prix. Le chemin est donc loin d'être direct entre l'analyse fondamentale et l'établissement du prix d'équilibre. Il y a deux niveaux de croyance, celui des croyances individuelles et celui des croyances collectives. Le système autoréférentiel récompense, on l'aura compris, non pas celui qui a rationnellement raison, mais celui qui réussit le mieux à prévoir l'opinion majoritaire.

Cette remarque ouvre une problématique centrale en matière d'allocation stratégique des actifs : existe-t-il une homothétie entre la décision individuelle et la décision collective ? Ce point est traité par Thomas C. Schelling[115] qui pose la question de la relation entre les caractéristiques comportementales des individus qui constituent quelque agrégat social et les caractéristiques de l'agrégat. Il y a évidemment, dit-il, « des cas faciles ou l'agrégat n'est qu'une simple extrapolation de l'individu. Si nous savons que chaque automobiliste, individuellement, allume ses phares au coucher du soleil, nous pouvons supposer que, de notre hélicoptère, nous verrons, dans une zone donnée, tous les phares s'allumer en même temps Mais si la plupart des automobilistes allument

---

[115] Thomas C. Schelling, *Les macros effets de nos micro décisions*, Dunod, Paris, 2007.

leurs phares quand un certain nombre de voitures venant en sens inverse ont déjà les leurs, nous obtiendrons vu de notre hélicoptère, une image très différente. »

Schelling note que, dans le second cas, les automobilistes réagissent les uns en fonction des autres et s'influencent mutuellement. Il nous dit que les gens réagissent à un environnement qui se compose d'autres gens, qui réagissent à leur environnement, lequel se compose de gens qui réagissent à un environnement composé de réaction de gens. Il en conclut que dans ces situations où le comportement ou les choix des gens dépendent du comportement ou des choix d'autres gens, il n'est pas habituellement possible de passer des agrégats par simple addition ou extrapolation. Il nous faut considérer le système d'interaction entre les individus et leur environnement, c'est-à-dire entre les individus et d'autres individus ou entre les individus et la collectivité. Finalement, écrit-il, les résultats sont parfois surprenants, parfois difficiles à deviner[116].

Schelling s'intéresse aussi au comportement des gens quand ils essaient de s'échapper d'un immeuble en flammes. Il constate que nous pouvons leur attribuer une certaine aptitude à résoudre les problèmes, à calculer ou à percevoir intuitivement comment aller ici et là. Et il écrit : « Si nous savons quel problème une personne essaie de résoudre, et si nous pouvons également le résoudre, nous sommes en mesure de prévoir ce qu'elle fera en nous mettant à sa place et en résolvant son problème comme nous pensons qu'elle le voit[117]. »

Toute la question est dans le *comme nous pensons*. C'est par cette transposition de notre pensée au comportement des autres que s'enracine la conviction d'un gérant d'actifs pour anticiper la tendance du marché. Il observe un secteur d'activité et transpose rationnellement son analyse sur les décisions à venir des entreprises pour répondre à la demande. Mais le problème, selon Schelling, c'est qu'avec les gens (ou les

---

[116] *Les macro effets de nos micro décisions,* p. 3-4.
[117] *Les macro effets de nos micro décisions,* p. 8.

organisations humaines), nous pouvons nous laisser entraîner par la manière dont nous nous représentons la poursuite des buts et la résolution des problèmes[118]. Nous retrouvons là le problème de la perception et de l'interprétation chez Husserl. Nous pouvons aussi oublier que les gens, comme les organisations, poursuivent des buts peu judicieux (Bayer et Monsanto, Volkswagen et le diesel) ou qu'ils tirent plaisir de comportements inadéquats (Cf. Ghosn chez Renault Nissan). Nous pouvons aussi exagérer l'importance du bien qui résulte de l'atteinte des objectifs, par exemple comment sont partagés les bénéfices d'exploitation et quels en sont les retentissements sur la paix sociale de l'entreprise. Il y a donc, en plus du biais cognitif qui conduit les hypothèses du gérant, un second biais qui est un biais de transposition ou d'extrapolation, très difficile à combler, lorsque nous tentons de passer de notre analyse rationnelle à la prédiction du comportement d'une organisation.

La description de la problématique est la suivante : sur un marché, l'indicateur qui est censé contenir toute l'information est le prix. Le prix est la boussole qui permet à chaque acteur de poursuivre un but propre sans avoir de connaissance sur l'ensemble du système économique. De ce fait, le marché est assimilable à une colonie de fourmis dont on n'attend pas que chacune d'elles sache comment le système fonctionne. Chaque fourmi vit dans son propre univers : elle réagit par rapport aux autres fourmis qui se trouvent dans son environnement immédiat et à des signaux dont elle ne connaît pas l'origine. Comment se fait-il que le nombre limité de choix qu'une fourmi effectue à l'intérieur de son petit univers tronqué aboutisse, dans l'agrégat, au modèle complexe et apparemment significatif de comportement collectif par lequel nous décrivons la société et l'économie[119]? Il semble bien illusoire que le seul signal prix puisse nous faire franchir en un seul saut la distance qui sépare la représentation du réel dans un symbole chiffré au caractère protéiforme de l'ensemble d'un système économique et social.

---

[118] *Les macro effets de nos micro décisions,* p. 8.
[119] *Les macro effets de nos micro décisions,* p.12.

Nous constatons que les individus et les organisations ne poursuivent pas toujours des buts judicieux ou rationnels. De surcroît, chacun est régi par l'information du prix sans une connaissance globale de l'environnement. Il y a, à cet endroit, une aporie du modèle du gérant de conviction qui franchirait par sa seule réflexion l'écart entre la décision individuelle et la décision d'un agrégat, et qui pourrait prêter aux prix, mais plus largement aux chiffres, la capacité à être la boussole universelle qui oriente le marché en l'absence de connaissance des interactions des individus avec l'environnement, c'est-à-dire des individus avec d'autres individus ou entre les individus et la collectivité[120].

La coordination collective apportée par le marché déborde donc le seul indicateur du prix. Schelling prend l'exemple du mariage qui est beaucoup plus qu'une rencontre entre une offre et une demande structurée autour d'un prix, mais prend en compte la mobilité sociale, la langue, la religion, le groupe ethnique, etc… Le fait que ce soit un processus de marché ne nous renseigne que partiellement sur les composantes de son fonctionnement[121]. La coordination collective est le résultat de jugements déductifs plus ou moins fondés de la part des décideurs, de processus obscurs de décisions individuelles pour rester intégrés au système, et de composantes sociologiques non quantifiables.

Il apparaît donc que la réponse à la demande sociétale transversale de préservation de l'environnement, de bonne gestion sociale et de croissance économique doit résoudre deux niveaux de difficultés :

- Son antagonisme interne précédemment cité : il y a par exemple conflictualité entre préservation de l'environnement et chômage par exemple ou bien entre écrasement des coûts de gestion et sélection des titres.
- Le double biais : biais cognitif au fondement de l'analyse individuelle du gérant et biais de transposition

120 *Les macro effets de nos micro décisions,* p. 4.
121 *Les macro effets de nos micro décisions*, p. 26.

de la décision individuelle à la décision collective : la multiplicité des stratégies individuelles non extrapolables dans un agrégat.

Il est possible d'objecter qu'un agrégat est susceptible de modélisation, comme le pratiquent les cellules de gestion privée des banques et compagnies d'assurances avec des agrégateurs d'OPCVM pour construire une allocation stratégique. Mais, d'une part, ces agrégateurs n'intègrent pas la demande sociétale transversale et restent centrés sur une approche rendement/volatilité et, d'autre part, les soubresauts de la réalité ne tarderont pas à remettre le modèle en cause surtout s'il s'agit d'investir sur le moyen long terme au fil de l'évolution des antagonismes écologiques et sociaux. Ce serait faire preuve d'un positivisme bien naïf que de se confier à une transplantation du réel dans un agrégateur d'OPCVM pour construire une allocation stratégique.

La caractéristique d'une méta-approche de gestion pour répondre aux antagonismes internes de la demande sociétale transversale de *préservation de l'environnement, bonne gestion sociale et croissance durable* doit dépasser la distribution statistique d'une allocation d'actifs sélectionnés pour leur compatibilité entre création de valeur pour l'épargnant avec les réponses adéquates aux objectifs ISR. Cette approche doit rester constamment centrée sur l'anticipation de la demande sociétale afin de ne pas s'écarter du fil rouge de construction de l'opinion majoritaire du marché, lieu de création de valeur pour l'épargnant. Il y a donc un fossé à franchir pour le gérant d'actifs dans son allocation stratégique en passant d'une conviction personnelle à l'anticipation de la demande sociétale transversale.

Distinguer le marché du mécanisme de pari sur l'opinion du marché

Le concours de beauté précédemment évoqué par Keynes est une métaphore du marché financier. Mais lorsqu'il s'agit de construire une allocation stratégique pour un OPCVM en intégrant la demande sociétale transversale, l'OPCVM ne représente pas l'ensemble du marché mais est composé d'une fraction du marché que sont les épargnants qui ont investi dans cet OPCVM. Il se pose donc le problème de l'anticipation de la demande sociétale transversale par une fraction réduite du marché. Surowiecki, dans son ouvrage, *La sagesse des foules*[122], nous relate une expérience universitaire qui propose une méthode de résolution de l'anticipation de l'opinion.

Il cite[123] le projet *Iowa electronic market* (IEM)[124] fondé en 1988 et géré par le *College of Business* de l'université de l'IOWA qui propose une série de marchés pour prévoir les résultats des élections du président, des gouverneurs, à l'étranger. Cet outil à but initialement pédagogique est conçu pour inciter les étudiants à comprendre la politique, l'économie et les relations internationales. Aujourd'hui, une centaine d'universités à travers le monde participent à l'IEM. C'est un marché, ouvert à tous, qui propose aux étudiants d'investir entre 5 et 500 dollars dans des contrats sur l'avenir en se fondant sur ce qu'un candidat donné va faire dans l'élection à venir. Le contrat le plus connu de l'IEM est celui dans lequel les étudiants peuvent acheter et vendre des actions pariant sur les chances de victoire de tel ou tel candidat. Il propose de prédire quel sera le pourcentage final des suffrages populaires qui se porteront sur un candidat : le vote *share market*. Dans ce cas, les bénéfices dépendent du pourcentage de votes. Par exemple, si vous aviez acheté un contrat Georges W. Busch en 2004, qui a gagné avec 51 % des voix, vous auriez reçu 51 centimes. Si les pronostics de l'IEM sont exacts, les prix des contrats sont

---

[122] James Surowiecki, *La sagesse des foules*, préface de Joël de Rosnay, Lattes, Paris, 2008, p. 36-37.

[123] *La sagesse des foules*, p. 50.

[124] https://iemweb.biz.uiowa.edu/

proches du résultat des élections. L'IEM est un outil de prévisions et un outil d'incitation pédagogique.

Une étude de la performance de l'IEM révèle que dans 49 élections entre 1988 et 2000 le prix, les veilles d'élections, variait entre 1,37 % autour du résultat pour les présidentielles, de 3,43 % pour les élections américaines et 2,1 % pour les élections à l'étranger.

Dans les faits, l'IEM a fait mieux que les sondages nationaux et il a été plus précis pendant toute la durée du scrutin. Entre 1988 et 2000, 596 sondages ont été réalisés. Les trois quarts du temps, le prix de marché le jour où le sondage a été réalisé s'est montré le plus précis. Les prévisions de l'IEM s'avèrent moins volatiles que celles des sondages. La spécificité de l'IEM est qu'il ne repose que sur un millier de traders, qui ne sont pas le reflet de l'ensemble de l'électorat. Donc les traders ne pronostiquent pas leur propre comportement. Les traders tirent évidemment leurs informations des sondages. Surowiecki note que la plupart des articles des chercheurs attribuent le succès de l'IEM à une minorité d'investisseurs doués d'intuition et de rationalité, les investisseurs marginaux, qui maintiennent l'intelligence du marché en achetant et en vendant dès que les prix s'écartent de la valeur qu'ils ont estimée. Surowiecki avance une objection à cette explication d'investisseurs marginaux qui seraient à l'origine de l'efficience des marchés. Ensemble, ils ne pèsent pas assez face au marché pour le contrebalancer. Il est remarquable de noter que, dans le cas de l'IEM, les valeurs des contrats que l'on peut acheter ou vendre sont limitées à 500 dollars. Donc les positions des traders marginaux ne pèsent sur le marché que si l'ensemble du marché se joint à elles, sinon elles sont avalées par le marché. Si le marché ne suit pas, leurs positions sont annulées. Dans le cas de l'IEM, les traders marginaux investissent deux fois plus que les traders moyens. Les traders marginaux agrégés ne sont pas assez forts pour être tenus pour responsables de l'exactitude du jugement du groupe. De surcroît, il n'y a pas de sens pour certains à être marginaux face aux traders moyens, car le groupe est liquide : chacun entre et sort quand il veut. Ainsi, le marché serait un vortex dans lequel chaque membre serait une particule indépendante et dans lequel l'exactitude du pari individuel serait inversement proportionnelle à sa distance avec le pari central, celui du marché. Le marché donnerait le pari exact en son centre, en dépit de ses variations de composition et de taille. En 1988, il y avait une sur-représentation des partisans de Bush chez les traders marginaux. Mais, s'ils avaient été moins nombreux, le marché n'aurait jamais pu atteindre un jugement collectif intelligent[125].

Cette expérience présente plusieurs aspects :

- Elle n'est pas un marché dont la finalité est l'échange de biens structurés autour d'un prix.
- Elle est un mécanisme de pari dont la finalité est d'enrichir ceux qui ont réalisé la prédiction la plus proche de l'exactitude. En l'occurrence, son objectif est de prédire une structure d'opinion : combien d'Américains vont choisir Busch plutôt que Dukakis ?
- Elle n'est fondée ni sur un échantillon, ni sur un panel. Elle est ouverte : entre et sort qui veut. De ce point de vue, elle fonctionne comme un marché.
- Elle est une expérience de miroir sociétal. Le pari collectif ne porte pas sur un cheval plus performant ou sur un boxeur mieux entraîné ni sur le prix de matières premières ou d'actions, qui sont des objets d'observations externes aux parieurs. Mais le pari porte sur le choix que la société fera, tandis que le groupe parieur fait partie de cette même société. Il y a simultanéité d'appartenance et de temps.
- Elle limite le pari individuel à 500 dollars soit deux fois la moyenne des paris individuels. Donc elle tend vers l'expression de l'opinion de chacun, et c'est donc la consolidation de l'opinion collective qui va produire le miroir prédictif.

[125] James Surowiecki, *La sagesse des foules*, préface de Joël de Rosnay, Lattès, Paris, 2008, p. 358.

- Il n'y a pas d'orientation du groupe par le montant du pari individuel. Autrement dit c'est l'inverse d'une démocratie actionnariale, une action, une voix.
- L'expert fait partie de l'opinion constitutive du groupe, il ne s'en extrait pas pour le conduire. Surowiecki[126] précise : « Pour piloter un avion ou réparer une voiture, il faut une expertise, des compétences précises, du travail, de l'attention. Mais pour prévoir un futur incertain, la décision de l'expert s'apparente à celle de l'investisseur marginal. » Mais la pertinence de l'expert apporte des informations au marché pour s'ajuster. Il est plus informé, mais n'est pas l'écho du marché.

Notre fil rouge est d'explorer la possibilité d'une méta-approche de gestion collective dans les conditions ci-dessous :

- Prendre en charge les finalités de la demande sociétale transversale de préservation de l'environnement, l'élaboration d'une organisation sociale juste et l'augmentation de richesses dans la société.
- Intégrer les antagonismes internes aux choix : le diesel ou le réchauffement climatique, le jean à dix euros ou le salaire de l'ouvrier pakistanais, le rendement immédiat de mon action ou l'investissement en recherche développement qui va me priver d'une partie de mon rendement.
- Être centrée sur la demande sociétale transversale pour ne pas s'écarter du processus social de constitution de valeur[127].

[126] *La Sagesse des Foules*, p. 68.

[127] Nous rappelons à cet égard que la constitution de valeur est un phénomène social d'attribution d'équivalences à des biens qui se réfugie dans la confiance mise dans la monnaie. La monnaie permet la mise en liquidité de l'équivalence des biens. La valeur se donne à voir dans le prix du marché. Or, celui-ci se décompose en deux parties : la volatilité et la tendance. La volatilité est le lieu de la spéculation, la tendance est la mise à jour de la valeur.

- Être au service de l'épargnant qui y engage sa sécurité et son avenir.

Les expériences précédentes nous montrent l'efficacité du mécanisme de pari sur le marché comme outil de la décision collective dans le but d'optimiser des décisions ou de formuler des prédictions les moins fausses possibles. Mais il nous faut bien différencier le marché du mécanisme de pari sur le marché. Le marché s'intéresse aux prix pour échanger des biens, et donc à la volatilité de ces prix, pour spéculer. Le mécanisme de pari sur le marché est un outil de résolution de problématiques collectives et de miroir sociétal.

C'est cette capacité d'auto-organisation de la foule productrice d'une intelligence collective différente de l'intelligence individuelle qui est l'objet des recherches de Mehdi Moussaïd[128]. Il nous apprend que la diversité des jugements et des prédictions, donc des erreurs, est indispensable au fonctionnement de la sagesse des foules. Chacun commettant des erreurs différentes dans ses appréciations, la moyenne sera centrée sur la réponse approchant le plus de l'exactitude. Une explication précise de ce phénomène est donnée par Surowiecki. Il cite l'expérience de Norman L. Johnson, chercheur en physique théorique à Los Alamos[129]. Celui-ci cherchait à comprendre dans quelles conditions des groupes parvenaient à résoudre des problèmes auxquels des individus peinaient à venir à bout par leurs propres moyens. Il construisit un labyrinthe dans lequel les individus devaient faire des choix d'orientation à des tournants (point nodaux). Les temps de sortie du labyrinthe différaient évidemment selon les personnes. Le second temps de l'expérience consistait à renvoyer les informations recueillies lors du premier parcours. Les temps de sortie passaient de 34,3 pas en moyenne la première fois, à 12,8 pas en moyenne la seconde fois. Johnson chercha la décision que prenait la majorité du groupe à chaque point nodal et

[128] Medhi Moussaïd, *Fouloscopie, ce que la foule dit de nous*, HumenSciences, Paris, 2019.
[129] Norman L. Johnson, *Collective problem solving: functionality beyond the individual*, Los Alamos Working Paper LA-UR-98-2227 (1998).

élabora un parcours fondé sur la décision de la majorité du groupe à chacun de ces points. Le chemin du groupe comptait neuf pas. Il était donc plus court que le chemin moyen mais il n'était pas plus long que celui des individus les plus habiles. Le commentaire de Surowiecki est le suivant :

« L'hypothèse du groupe ne sera pas systématiquement meilleure que celle de chaque individu dans le groupe. Dans beaucoup de cas, et peut être la plupart du temps, quelques rares individus feront mieux que le groupe. Mais il n'y a aucune preuve que ces personnes battent systématiquement le groupe. Il se trouvera à chaque fois quelques personnes qui battront le groupe, mais il ne s'agira pas des mêmes personnes à chaque fois. Sur l'ensemble des dix expériences, les performances du groupe seront à coup sûr un optimum[130]. »

Cette expérience nous montre comment un groupe évacue le biais cognitif individuel qui rend difficile la résolution de certains problèmes. La diversité des réponses dans le groupe est une condition sine qua non pour éviter la convergence des opinions. Malheureusement, les réseaux sociaux peuvent organiser une influence sociale qui va aimanter les opinions autour d'une seule[131]. Il faut aussi, pour que la sagesse des foules fonctionne, que les participants aient au moins une très vague intuition de la réponse pour que les réponses ne soient pas complétement aléatoires. Cela est évidemment le cas si vous demandez à un groupe d'investisseurs dans un OPCVM d'attribuer un pourcentage d'importance à *la préservation de l'environnement, à la bonne gestion sociale ou à la croissance durable*. Il cite une startup de San Francisco, Unanimous AI[132], qui a fait de l'intelligence en essaim (*Swarm application*) un business proposant aux entreprises d'amplifier la performance des équipes travaillant en réseau en combinant intuitions, sagesse, connaissances et perceptions. Ce type d'application est la démonstration que la sagesse des foules ne relève ni de la

---

[130] *La sagesse des foules*, p. 36.

[131] Cf. l'affaire Cambridge analytica lors des élections présidentielles US en 2016.

[132] https://unanimous.ai/

psychologie, ni de la philosophie, mais plutôt des statistiques et des probabilités[133]. Louis Rosenberg (Unanimous AI)[134] explique que notre cerveau est constitué d'un réseau de neurones. C'est à ce niveau que se situe l'organisation de l'intelligence individuelle. Le niveau de l'intelligence collective est le réseau de cerveaux que constitue une foule, autrement dit l'intelligence en essaim. Cette distinction nous évite de tomber dans le piège du biais de transposition du jugement individuel au jugement collectif.

C'est ce deuxième aspect qu'il nous faut retenir dans notre exploration pour progresser dans la compréhension de la relation entre le mécanisme de pari sur le marché et la construction de l'opinion reflétant les choix de la société contemporaine.

L'*empowerment* au secours de l'ISR

Alain Touraine[135] nous dit que la conscience sociale devient le lieu central des conflits qui, une génération plus tôt, semblaient encore s'organiser autour de l'opposition entre intérêts économiques. Les antagonismes décrits ci-dessus, qui traversent la demande sociétale transversale, ne sont pas des oppositions d'intérêts économiques mais des oppositions de conscience sociale. Il précise : « C'est en termes de conscience, et donc en termes culturels et sociaux et non pas techniques et économiques, que nous pouvons penser nous-mêmes et notre environnement[136]. » A cet égard, nous pouvons constater que la proposition[137] d'OPCVM en gestion (non ISR) multi-secteurs dont l'allocation stratégique prend en compte le résultat d'un sondage effectué auprès des épargnants de l'OPCVM reste une

[133] *Fouloscopie, ce que la foule dit de nous*, p. 172.
[134] https://youtu.be/Eu-RyZt_Uas
[135] Alain Touraine, *Défense de la modernité*, Seuil, Paris, 2018, p. 17.
[136] *Défense de la modernité*, p. 131.
[137] La sicav Agipi grandes tendances fonctionne selon le principe de l'expression *Un homme, une voix*.

proposition sociologiquement inachevée. Elle reprend le mode d'expression de l'opinion collective des paris de l'IEM et la demande de participation des épargnants. Mais elle passe à côté de la fonction d'intégration de la demande sociétale transversale, car elle n'intègre pas la conflictualité sociale. Cette proposition rabat l'allocation d'actifs sur des termes économiques et techniques en faisant l'impasse sur les débats de conscience qui structurent la société.

Un autre OPCVM[138] poursuit, lui, un double objectif : participer aux grands enjeux du développement durable tout en répondant aux exigences de rentabilité des investisseurs. Il propose deux poches dans son allocation stratégique : l'une composée de sociétés qui apportent des solutions pour faire face au changement climatique mais recherche également les entreprises en transition, exposées au risque climatique, qui mettent en place les actions nécessaires pour faire évoluer leur *business model*. La pondération entre les deux poches se fait en fonction des opportunités d'investissements. Cette approche combine bien deux demandes : l'environnement et la croissance ESG, mais elle ne sait pas prendre en compte la participation des épargnants et ne se dégage pas de l'avis des experts dans son allocation d'actifs. Comment expliquer l'émergence d'une telle proposition ? Touraine nous dit (il n'est pas novateur en la matière !) que notre représentation du monde et de nous-même est construite à partir de l'expérience que nous avons de nous-même et de notre environnement[139]. Donc, ce type d'allocation stratégique, purement technique, n'est pas neutre socialement. Citons encore Touraine : « Le but social des dirigeants est de tout interpréter en termes d'intérêts, de satisfaction de l'intérêt personnel ou collectif, conformément à une morale (que je distingue ici de l'éthique) utilitariste, alors que les dominés ne peuvent lutter qu'au nom de principes universels, dont je rappelle la courte liste : la pensée rationnelle et, avec elle la

---

[138] Citons par exemple le fonds Aviva Investors Climate Transition European Equities.

[139] *Défense de la modernité*, p. 131.

liberté, l'égalité et la dignité de chacun, en un mot les droits de l'homme[140]. »

Là encore, la conflictualité propre au rapport social est évacuée au profit d'un point de vue utilitariste, la maximisation de la valeur même si celle-ci s'inscrit dans le cadre de l'ISR. Il en donne une explication culturelle : « Nous nous sommes habitués à une vision désocialisée et sans fondement culturel de l'activité professionnelle. Les Etats-Unis eux-mêmes se sont installés depuis longtemps dans ce qu'on pourrait appeler les *two sides of the road*, c'est-à-dire entre l'univers de l'efficacité et celui que Lou Reed a appelé dans un texte célèbre *the wild side*. Une telle séparation, qui est déjà largement entrée dans les pratiques, est perçue en Europe comme une entreprise de destruction des traditions et des cultures nationales[141]. »

Il est évident que la pérennisation d'approches ISR, éloignées non pas des enjeux sociétaux (car elles les intègrent pour partie) mais de la société (car issues exclusivement de la pensée de milieux sociaux uniformes intellectuellement), biaise l'anticipation de la constitution de la valeur à terme. Ces approches uniquement économiques reflètent l'idéologie d'une vision unique de la société formulée en termes de marché économique. Ce qui est le cas de la plupart des OPCVM sur le marché.

Il y a donc un défi sociétal, derrière la question de l'ISR, qui ne consiste pas simplement en une manière d'allouer des actifs sans détruire et polluer le monde, mais est une approche socialement responsable. La crise de représentation politique qui s'incarne dans le mouvement des jeunes face au réchauffement climatique est une contestation du pouvoir économique et technique à partir duquel sont légitimées les décisions d'investissement. Ils interrogent la capacité d'une

140 *Défense de la modernité*, p. 222.
141 *Défense de la modernité*, p. 308.

société à délibérer démocratiquement de questions financières et éthiques fondamentales.

Ce défi est bien exposé par Peter Wagner dans *Sauver le progrès*[142]. Il note que l'inclusion des minorités est un marqueur du progrès social. La question est donc de lier l'inclusion de représentations sociales différentes avec celles des milieux sociaux économiquement dominants qui construisent l'offre ISR. Wagner souligne un point[143] qui ne peut qu'interpeller l'analyste financier à la recherche de l'anticipation de la demande : l'autonomie des individus propre à la post-modernité est problématique car elle met à distance de la compréhension et donc de l'anticipation des formes collective d'organisation de la vie sociale. Il en résulte une fréquente incohérence du point de vue formé dans la citadelle de l'autonomie personnelle avec les résultats imprévisibles du collectif. Cette remarque nous laisse perplexe sur la définition d'un bien commun, expression d'une bien-pensance ISR qui fait l'impasse sur les sciences sociales.

Nous constatons ici l'intérêt de l'expérience de l'IEM de pronostic d'une demande par le mécanisme de marché : un groupe ouvert à la participation de chacun, de façon assez égalitaire et qui laisse chacun libre de sa décision. L'expérience de l'IEM appliquée à l'ISR illustre bien ce que Wagner définit comme le passage du progrès rationnel, marqueur de la modernité historique et de recherche de liberté individuelle, au marqueur de la postmodernité. Cette expérience peut être décrite comme une expérience d'inclusion, la participation est ouverte à tous, et d'individualisation, chacun peut exercer un choix. Cette expérience peut donc déboucher sur une évolution qui ferait passer d'un OPCVM géré selon la rationalité économique d'un analyste, qui exclut les adhérents de la décision collective et ne permet pas d'exercer d'autre choix que celui d'épargner, à un OPCVM fondé sur la participation de chacun à la décision collective en exprimant son choix individuel d'allocation d'actifs. Il s'agit alors d'une auto-

[142] Peter Wagner, *Sauver le progrès*, La découverte, Paris, 2016, p. 69.
[143] *Sauver le progrès,* p. 112.

détermination collective pour produire une action collective. L'expérience de l'IEM appliquée à l'ISR est alors une démarche d'*empowerment* ou de démocratie participative.

L'application de la *sagesse des foules* avec le vote *Un homme, une voix*

La démocratie participative est organisée autour de trois principes. Un principe d'argumentation tout d'abord : le débat démocratique doit consister avant tout dans un échange de raisons. C'est la force du meilleur argument qui doit prévaloir. La gestion de la conflictualité doit emprunter les chemins de la raison argumentative. Un principe d'inclusion ensuite : la discussion doit être ouverte au plus grand nombre et dans l'idéal à tous ceux qui sont susceptibles d'être affectés par la décision. C'est ce que nous venons de voir avec l'expérience de l'IEM. Enfin, un principe d'une discussion égalitaire, libre, non violente et ouverte[144]. Il se pose alors la question de nouveaux droits face à un impensé procédural en matière de gestion d'actifs.

Selon Pierre Rosanvallon[145], il existe un autre type de droits : non pas des droits défensifs comme la propriété de soi, mais le droit de la construction d'une autonomie, non pas comme position, mais comme action. Il donne l'exemple du droit du travail, dans lequel il ne s'agit pas simplement d'organiser la protection, mais d'élargir des possibilités d'actions. La démocratie participative n'est pas le spontanéisme des mouvements populistes. C'est une approche *bottom-up* (la participation) qui assimile l'approche *top-down* (l'avis d'experts). L'approche *top-down* est celle de l'article L.214-3 du Code monétaire et financier qui précise que le gérant doit agir de manière indépendante. Si la gestion ISR ne peut élargir la contrainte de cet article et intégrer légalement

---

[144] Marie Hélène Bacqué, Henri Rey, Yves Sintomer, *Gestion de proximité et démocratie participative*, La découverte, Paris 2005, p. 126.
[145] Pierre Rosanvallon, *Esprit* n°451, Janvier-février 2019, p. 58.

une approche *bottom up*, participative, elle n'est pas cohérente avec une gestion qui prend ses responsabilités sociétales à l'égard des intérêts élargis des épargnants. Nous touchons ici au cœur de la thèse de Claude Lefort qui était que les droits de l'homme ont débouché sur la revendication d'un droit social, parce qu'ils sont liés dès l'origine à la découverte d'une dimension transversale des rapports sociaux, dont les individus sont les termes, mais qui confèrent à ceux-ci toute leur identité tout autant qu'ils sont produits par eux[146].

Nous voyons combien la gestion d'actifs dans sa dimension d'allocation stratégique n'est pas une planète autonome de l'expression démocratique, ni des droits de l'homme qui trouvent dans l'expression de la démocratie participative une extension justifiée sur les plans éthiques, philosophiques, financiers et juridiques. Les droits de l'homme, dans leur extension à l'économie et à la finance par la revendication de possibilités d'actions nouvelles, nous montrent que les vies économique et financière reposent elles aussi sur la reconnaissance du conflit indéterminé qui anime la vie collective.

Il y aurait donc, derrière la quiétude rationaliste en économie, un déni de ce qu'Emmanuel Mounier dans les années 1930 appelait le désordre établi, ferment d'une dislocation sociale. Penser une procédure nouvelle de gestion de l'allocation stratégique dans un OPCVM ISR est plus qu'un enjeu technique : c'est une manière de penser l'articulation entre droits potentiels et démocratie.

Extirper la gestion ISR d'une pensée rationalisante pour intégrer la conflictualité sociale, c'est désintriquer[147] la finance du savoir d'expert. C'est une condition essentielle de la participation de tous, c'est-à-dire de la démocratie. Autrement dit, l'exercice du pouvoir de l'allocation stratégique repose sur

---

[146] Justine Lacroix et Michael Foessel, *Esprit* n°451, Janvier-février 2019.

[147] « La désintrication du droit, du pouvoir et du savoir essentielle à la démocratie, implique en particulier que la souveraineté devienne inappropriable ». Pierre Rosanvallon, *Esprit*, p. 47.

l'égalité de participation des citoyens épargnants, sur la base d'*Un homme, une voix*.

Le paysage de la démocratie participative en économie est large : il rassemble les AMAP, les monnaies locales, l'économie circulaire, des entreprises de l'économie sociale et solidaire, les circuits courts, l'autopartage… Dans ce paysage, la proposition de l'allocation stratégique d'actifs en ISR sur la base d'*Un homme, une voix* entre les trois composantes d'investissements que sont *la préservation de l'environnement, la bonne gestion sociale et la croissance durable* mérite que les représentants de la démocratie parlementaire accordent une place légitime et légale dans le Code monétaire et financier à un dispositif qui élargit les droits des épargnants citoyens en renforçant la scientificité de la gestion.

CONCLUSION : L'avènement d'un épargnant réformateur écologique et social

Au moment de conclure, il nous revient en mémoire la narration de l'aventure collective que fut la création de *Aides*, fondé et présidé par Daniel Defert[148]. *Aides* a été créé sur l'idée que les malades du sida ont un savoir légitime sur leur situation face au pouvoir médical. Il raconte avoir fait l'expérience inverse à l'hôpital Cochin, lorsque le chef de service en visite dans les chambres se tournait vers l'interne et demandait : « est-ce qu'elle souffre ? » au lieu de demander à la malade si elle souffrait[149]. Nous tenons là le paradoxe de l'expertise tout à la fois indispensable et insuffisante pour appréhender la situation vécue par le sujet, qu'il soit une personne ou la société.

Il explique plus loin : « On était un contre-pouvoir de proposition, ne faisant pas que revendiquer une législation[150]. »

---

[148] Daniel Defert, *Une vie politique*, Le Seuil, Paris, 2014.
[149] *Une vie politique*, p. 60.
[150] *Une vie politique*, p. 155.

Le but de *Aides* est de mener des combats socio-éthiques, pas des combats politiques. Le parallèle avec l'ISR, si l'on veut bien considérer que la finance concerne la société en premier lieu, est frappant. Préserver la biodiversité en demandant des comptes aux entreprises pétrolières, obliger une entreprise de textile à mieux payer ses salariés pakistanais et soutenir la création de richesses avec des recherches en matière d'énergie, de biologie ou d'informatique sont des combats éthiques et sociétaux.

Defert définit *Aides* comme une stratégie d'*empowerment*[151], c'est-à-dire d'individus qui ont le pouvoir de réalisation et qui sont capables de s'engager dans une démarche collective[152]. Cette démarche est une démarche face au pouvoir de l'Etat et elle garantit ce que Rosanvallon[153] appelle *le pouvoir de personne* : le régime dans lequel personne ne peut absorber lui-même le pouvoir.

Les convulsions populistes qui agitent notre société sont un danger pour la démocratie mais aussi le symptôme d'un déficit démocratique. La paix sociale passe par la prise en compte de nouveaux modes de légitimation et de nouveaux styles d'existence qui s'opèrent dans l'épaisseur du social à l'insu de l'analyse économique et financière. Defert, avec *Aide*s dit avoir réalisé son utopie : une association centrée sur le malade[154]. L'utopie à portée de main serait une épargne ISR véritablement centrée sur la société et fondée sur un vote *Un homme, une voix*[155] pour définir les orientations stratégiques de l'épargne. L'épargne de chacun serait alors un moyen d'expression démocratique et collective, un bulletin de vote qui

---

151 *Une vie politique*, p. 106.

152 *Gestion de proximité et démocratie participative*, p. 94.

153 *Esprit,* n° 451, p 57.

154 *Une vie politique*, p 203.

155 Nous pouvons faire référence à l'expérience de l'OPCVM Ecofi CEP engagement commun. Malheureusement, les difficultés de distribution ont mis fin à cette expérience après une collecte de deux millions d'euros, collecte insuffisante pour assurer la viabilité d'un OPCVM. Acter dans le Code monétaire et financier la possibilité d'un tel OPCVM ouvrirait une distribution active à une épargne participative.

élargirait les droits et promettrait l'avènement d'un épargnant réformateur écologique et social capable de produire une action collective qui dépasse la logique étroitement financière.

Bibliographie

(s.d.). Investir pour une finance utile, Paris. Récupéré sur www.infodurable

(2018, 01 31). *Le Figaro*.

(2019, 01 10). *Les Echos entrepreneurs*.

(2019, 05 17). *Agefi Actifs*.

(2019, 10 19). *Le Monde*.

AFG, E. é. (2018). *Bilan de la gestion d'actifs*.

Aglietta, M. (2016). *La monnaie, entre dettes et souveraineté.* Paris, Odile Jacob.

AI, u. (s.d.). *https://unanimous.ai/*.

Bacqué, M., Rey, H., & Sintomer, Y. (2005). *Gestion de proximité et démocratie participative.* Paris, La découverte.

Bohm Franz. (1957). *Travaux parlementaires sur la loi de 1957 GWB.* Deutscher Bundestag.

Bouleau, N. (2018). *Le mensonge de la finance.* Ivry sur Seine, Editions de l'atelier.

Bourg, D. (2018, janvier 6). *Le Monde*.

Cahuc Pierre, Z. A. (2016). *Le négationnisme économique.* Paris, Flammarion.

Chambraud, C. (2018, mai 18). Le Vatican étrille les marchés financiers. *Le Monde*.

Code monétaire et financier. (s.d.). *Art L.214-3.*

Congrégation pour la doctrine de la foi. (2018). *Oeconomica et pecuniare quaestiones.* Paris, Cerf.

Davanne, O. (2012). *Allocations d'actifs, théorie et pratique, sous la direction de Pierre Hervé.* Paris, Economica.

de Brito César, D. J.-L. (2005). *L'investissement socialement responsable.* Paris, Economica.

Debray, R. (2019). *Un été avec Paul Valéry.* Paris, Equateurs France Inter.

Defert, D. (2014). *Une vie politique.* Paris,Le Seuil.

Dewey, J. (2004). *Comment nous pensons.* Paris, Le Seuil.

Dion, C. (2018). *Petit manuel de résitance contemporaine.* Arles, Actes Sud.

Duflo, E. (2010). *La politique de l'autonomie.* Paris, Seuil.

Erasme. (2017). *Complainte de la paix.* Paris, Gallimard.

Evangile de Matthieu, E. d. (s.d.).

Gandt de, F. (2004). *Husserl et Galilée sur la crise des sciences européennes.* Paris, Vrin.

Gestion de fortune. (15.01.2018).

Heinich, N. (2017). *Des valeurs, une approche sociologique.* Paris, Gallimard.

Hilledebrandt, H. (2016, Avril 02). *Le Monde.*

Hulot, N., & Shiva, V. (2018). *Le cercle vertueux, entretiens avec Lionel Astruc.* Arles, Actes Sud.

Husserl, E. (2016). *La crise des sciences européennes et la phénoménologie transcendantale.* Paris, Gallimard.

Iowa Electronic Market. (s.d.). *https://iemweb.biz.uiowa.edu/.* Récupéré sur https://iemweb.biz.uiowa.edu/

Johnson, N. (1998). *Collective probleme solving: functionality beyond the individual.* Los Alamos Working Paper LA -UR-98-2227 .

Keynes, J. M. (1971). *Théorie générale de l'emploi de l'intérêt et de la monnaie* (éd. collection petite bibiothèque Payot). Paris, Payot.

Lacroix, J., & Foessel, M. (2019, Janvier-février). *Esprit n°451.*

Martin, S. (s.d.). *Corps intermédiaires.* Consulté le 10 28, 2019, sur http://www.universalis.fr/encyclopédie/corps-intermédiaires/

Moussaïd, M. (2019). *Fouloscopie, ce que la foule dit de nous.* Paris, HumenSciences.

Orléan, A. (2011). *L'empire de la valeur.* Paris, Le Seuil.

Rabault Hugues. (2016). *L'ordolibéralisme aux origines de l'école de Fribourg-en-Brisgau.* Paris, L'Harmattan.

Renouard, C. (2007). *La responsabilité éthique des multinationales.* Paris, PUF.

Renouard, C. (2016, juillet Aout). Vie spirituelle et transition écologique. *Les Etudes*, p. 32.

Ricoeur, P. (1969). *Le conflit des interprétations, essais d'herméneutique.* Paris, Le Seuil.

Rosanvallon, P. (2019, Janvier-février). *Esprit n°451*, p. 58.

Rosenberg, L. (s.d.). https://youtu.be/Eu-RyZt_Uas

Rouet, A. (2009). *J'aimerais vous dire.* Paris, Bayard.

Saint Georges, D. (2007). *Peut-on battre le marché ?* Paris, Eyrolles.

Schelling, T. (2007). *Les macro effets de nos micro décisions.* Paris, Dunod.

Surowiecki, J. (2008). *La sagesse des foules.* Paris, Lattes.

Touraine, A. (2018). *Défense de la modernité.* Paris, Seuil.

Wagner, P. (2016). *Sauver le progrès.* Paris, La découverte.

Yunus, M. (2017). *Vers une économie à trois zéros - Zéro chômage, zéro pauvreté, zéro émission carbone.* Paris, Lattes.

Liste des acronymes

DICI : Document d'information clefs pour l'investisseur

CIES : Comité instersyndicale de l'épargne salariale

CPR asset management : société de gestion d'actifs filiale à 100 % d'Amundi

ESG : Environnement, Social, Gouvernance

ETF : Exchange traded funds

FCP : Fonds commun de placement

FIR : Forum pour investissement responsable

IEM : Iowa electronic market

ISR : Investissement socialement responsable

OPCVM : Organisme de placement collectif de valeurs mobilières

PACTE (loi) : Plan d'action pour la croissance et la transformation des entreprises

PEA : Plan d'épargne en actions

PER : Price earning ratio

PNUD : Programme des Nations unies pour le développement

RSE : Responsabilité sociale des entreprises

SICAV :Société d'investissement à capital variable

Table des matières

Revue « Marché et Organisations »
L'Harmattan

Cahiers d'économie et de gestion thématiques dont le but est de promouvoir la recherche originale sur les relations de plus en plus étroites qui se tissent entre le marché et les organisations. Les acteurs économiques de taille, de puissance et de pouvoir différents dont les intérêts peuvent être convergents, complémentaires ou, le plus souvent, antagoniques, ont tendance à organiser les marchés. La raison du marché, pourtant, est la référence stratégique pour l'entreprise ainsi que pour les institutions publiques de décision économique.

Numéros parus :

N°1 : Artisanat. La modernité réinventée, 2006
N°2 : La petite entreprise, elle a tout d'une grande. De l'accompagnement aux choix stratégiques, 2006
N°3 : Tourisme et Innovation. La force créative des loisirs, 2007
N°4 : Le travail. Formes récentes et nouvelles questions, 2007
N°5 : Les universités et l'innovation. L'enseignement et la recherche dans l'économie des connaissances, 2007
N°6 : Entrepreneuriat et accompagnement. Outils, actions et paradigmes nouveaux, 2008
N°7 : Développement durable des territoires. Economie sociale, environnement et innovations, 2008
N°8 : Développement durable et responsabilité sociale des acteurs, 2009
N°9 : Gouvernance : exercices de pouvoir, 2009
N°10 : Le travail collaboratif. Une innovation générique, 2009
N°11 : Economie sociale et solidaire. Nouvelles trajectoires d'innovations, 2010
N°12 : Relations à la marque et marques de la relation. Regards croisés sur le management relationnel de la marque, 2010
N°13 : Les contrats au service de la recherche ?, 2011
N°14 : Le potentiel économique de l'Afrique subsaharienne, 2011
N°15 : Management de la distribution, 2012
N°16 : Territoire Vert. Entreprises, Institutions, Innovations, 2012
N°17 : Eco-conception, conception et innovation. Les nouveaux défis de l'entreprise, 2013
N°18 : Intelligence économique : entreprises et territoires, 2013
N°19 : La finance globale. Un monde fini, 2013
N°20 : La crise du « développement », 2014
N°21 : La Chine innove. Politiques publiques et stratégies d'entreprise, 2014
N°22 : Go East! Nouvelles Economies de Marché, 2015
N°23 : L'économie du changement, 2015
N°24 : Le temps des artisans. Permanences et mutations, 2015
N°25 : Innovations de proximité et esprit d'entreprise, 2016
N°26 : L'avenir des économies du Maghreb : entre inertie structurelle et envie de rupture, 2016/3 (n° 27)
N°27 : Le sport aux frontières du marché du travail, 2016
N°28 : Dynamiques internationales des entreprises, 2017
N°29 : L'univers du risque, 2017
N°30 : Les petites entreprises dans l'histoire industrielle, 2017
N°31 : Economie sociale et *social business* ? Au défi d'entreprendre et se financer, 2018
N°32 : Éducation et fertilisation des économies africaines, 2018
N°33 : L'entrepreneuriat innovant dans les pays du Maghreb, 2018
N°34 : L'entrepreneuriat scientifique : institutions et innovation, 2019
N°35 : Le champ économique de la culture, 2019
N°36 : Economie sociale et solidaire ? Modèles d'innovation et modes de gouvernance, 2019
N°37 : Rethinking Luxury Business, 2020
N°38 : La santé connectée. Nouvelles technologies et réorganisation des soins, 2020
N°39 : Options stratégiques et systèmes complexes d'innovation, 2020
N°40 : Les services : intégration des systèmes productifs et lien social, 2021

Collection « L'esprit économique »

fondée par Sophie Boutillier et Dimitri Uzunidis en 1996

Dernières parutions

► ***Série Economie et Innovation***

C. ABDOU LAHAD THIAW, *Innovation localisée pour le développement économique du Sénégal*, 2018.

N. ANIDO FREIRE, *Tradition et innovation : de l'opposition à la complémentarité*, 2018.

C. BERGHMANS (dir.), *Intelligence et compétences émotionnelles en entreprise : perspectives multiples*, 2018.

T. MICHAUD, *La réalité virtuelle : de la science-fiction à l'innovation*, 2018.

B. LAPERCHE, M. LIMA, E. SEULLIET, B. TROUSSE (dir.), *Les écosystèmes d'innovation. Regards croisés des acteurs clés*, 2019.

S. MONNERIE, *L'économie digitale révolutionne le monde. Innovation et total design*, 2019.

T. MICHAUD, *Le projet spatial européen, entre pragmatisme et imagination*, 2020.

J.-P. SCHMITT, N. RAVIDAT, *Management conjoint de la technologie et de la personne. Pour performer et croitre*, 2020.

► ***Série Le Monde en Question***

L. BOURQUIN, *Europe 3.0 : le grand réveil*, 2017.

A. ROSOWSKY, *De l'économie de pillage a la société désagrégée, un essai sur la révolution thatchérienne*, tomes 1 & 2, 2017.

M. AMAN, *Currency board* (caisse d'émission) à Djibouti. Quelles implications économiques ?, 2018.

M. BENALI, A. EL BOUHADI, *Accès aux services financiers, inclusion et durabilité économique en Afrique*, 2020.

► ***Série Krisis***

M. WIELEZYNSKI, *Retour sur l'origine du profit : et si l'économie changeait de paradigme…*, 2018.

G. MINART, *Benjamin Constant, économiste*, 2019.

M. RAMEAUX, *Le tao de l'économie. Du bon usage de l'économie de marché*, 2020.

B. TONGLET, *Innovation et dynamique discontinue au bas Moyen Age. Pour une autre approche de l'histoire économique*, 2020.

J.-C. MOREL, *La nécessaire valorisation de la richesse ou intégrer le capital humain au bilan*, 2020.

► **Série *Clichés***

S. BOUTILLIER, D. UZUNIDIS (dir.), *La Russie européenne. Du passé composé au futur antérieur*, 2008.

R. VOLPI, *La négociation. Pain, paix, liberté*, 2009.

► ***Série Cours Principaux***

S. FREZAL, *Quand les statistiques minent la finance et la société. Risque, responsabilité et décision*, 2018.

O. ESNEU, *Le droit du transport routier de marchandises (TRM)*, 2018.

G. DUTHIL, *Economie publique et métamorphoses sociales*, 2019.

R. SANTENAC, *Le cycle des crises financières. Une étude approfondie des causes, des impacts et de la fréquence*, 2020.

B. LANDAIS, *Macroéconomie efficace. Croissance et crises*, 2020.

► ***Série L'économie formelle***

C. JADEAU, *La Finance inclusive. Manuel du post-capitalisme financier*, 2019.

A. BELMADANI, *Monnaie et systèmes de paiement. Mutations, enjeux et risques*, 2019.

É. CHAUMETON, *Pour une économie au service de la personne. Pistes d'avenir pour l'économie, la monnaie et la fiscalité*, 2019.

K. B. KOUASSI, *Pauvreté des Nations. Une critique de l'économie politique*, 2019.

F. NEUVILLE, *Comment gagner de l'argent en Bourse*, 2020.

S. A. DJELHI-YAHOT, *La théorie des finances publiques optimales. une approche gagnante pour l'Afrique*, 2020.

A. EL ALAOUI, *Modèle d'équilibre général calculable. Présentation théorique et application empirique*, 2020.

Structures éditoriales du groupe L'Harmattan

L'Harmattan Italie
Via degli Artisti, 15
10124 Torino
harmattan.italia@gmail.com

L'Harmattan Hongrie
Kossuth l. u. 14-16.
1053 Budapest
harmattan@harmattan.hu

L'Harmattan Sénégal
10 VDN en face Mermoz
BP 45034 Dakar-Fann
senharmattan@gmail.com

L'Harmattan Cameroun
TSINGA/FECAFOOT
BP 11486 Yaoundé
inkoukam@gmail.com

L'Harmattan Burkina Faso
Achille Somé – tengnule@hotmail.fr

L'Harmattan Guinée
Almamya, rue KA 028 OKB Agency
BP 3470 Conakry
harmattanguinee@yahoo.fr

L'Harmattan RDC
185, avenue Nyangwe
Commune de Lingwala – Kinshasa
matangilamusadila@yahoo.fr

L'Harmattan Congo
67, boulevard Denis-Sassou-N'Guesso
BP 2874 Brazzaville
harmattan.congo@yahoo.fr

L'Harmattan Mali
ACI 2000 - Immeuble Mgr Jean Marie Cisse
Bureau 10
BP 145 Bamako-Mali
mali@harmattan.fr

L'Harmattan Togo
Djidjole – Lomé
Maison Amela
face EPP BATOME
ddamela@aol.com

L'Harmattan Côte d'Ivoire
Résidence Karl – Cité des Arts
Abidjan-Cocody
03 BP 1588 Abidjan
espace_harmattan.ci@hotmail.fr

Nos librairies en France

Librairie internationale
16, rue des Écoles
75005 Paris
librairie.internationale@harmattan.fr
01 40 46 79 11
www.librairieharmattan.com

Librairie des savoirs
21, rue des Écoles
75005 Paris
librairie.sh@harmattan.fr
01 46 34 13 71
www.librairieharmattansh.com

Librairie Le Lucernaire
53, rue Notre-Dame-des-Champs
75006 Paris
librairie@lucernaire.fr
01 42 22 67 13

Achevé d'imprimer par Corlet - 14110 Condé-en-Normandie
N° d'Imprimeur : 1155455 - Février 2022 - Imprimé en France